爱情不设防

Undefended Love

[美] 杰特・莎莉　马莱娜・里昂　著
杨笑婷　晏　卿　译

江西教育出版社
JIANGXI EDUCATION PUBLISHING HOUSE

在你我之间

在一颗心与另一颗心之间

距离产生美 距离也刺痛心境

何不卸下防备 就此启程

我成为我自己 你也成为你自己

在这场爱与渴望的心灵之旅中

我们真实 自由 且亲密

* 谨以此书献给我们的父母 *

约翰 & 海伦 · 莎莉　T. 乔治 & 约兰达 · 哈亚特

是他们赐予我们生命，教会我们懂得爱与连接的价值。

这是一个人能给予他人的最好礼物。

亲密——这种与自己或他人直接的、毫无芥蒂的、心与心的联系，只有在心灵不设防的情况下才能发生。

想要透过每个人表面上的不同、找到我们内心深处最隐蔽、最深沉的感情，我们就需要学习怎样卸下防备、毫无障碍地去爱与被爱。也就是说，当我们无法掩饰自己或感到脆弱的时候，要培养自己表达情绪的能力；要放弃为了让自己感到安全而控制自己的许多行为的策略；要有勇气去爱，不需要任何保证或条件。

通过这样的方法培养亲密感，我们会发现：爱永远都存在于我们身上、我们心中，我们再也不会感觉到孤独无助、不完整或不被爱。

目 录

引 言

人们对“爱情”寄予厚望，希望它能让我们远离孤独，让我们感受到快乐，给我们以人生目标。我们希望爱情可以让所有的意见分歧都消失。简而言之，我们希望爱情可以解决一切问题。

大约三百年前，人类创造了“浪漫的爱情”这一说法。经过这么多年，爱情承载的包袱越来越重。在骑士年代以前，有为了势力而结婚的，有为了财产而结婚的，有因为婚约而结婚的——当然，也有不少婚约解除的情况。但是，从来没有像我们这样，因为男女双方来电而产生了浪漫的爱情而结婚的。然而，今天我们对爱情寄予了太多的想象和期望，因此很容易忘记它的真正目的。

人们虽然都想拥有爱情，却总是私下里诋毁它。我们想要浪漫，但是“王子与公主从此过上了幸福的生活”的愿望，在现实生活中的境遇却如同美丽的脸颊上残留的一粒饭粒，令人尴尬不已。我们也调查了很多人以了解他们对爱的看法，总的来说结果并不乐观，大多数人认为爱不但很难长久，而且令人失望，要想维系长久的关系只能妥协或退而求其次。

而本书的作者杰特·莎莉和马莱娜·里昂发现太多的人需要帮助以重新建立对爱的信心，因为现代爱情舞曲听上去并没有想象中那么优美动人，所以他们一直致力于辅导和教育人们如何从爱的困惑中解脱出来。《爱情不设防》就是要清除我们对浪漫过度的妄想，正是这些令人痛苦的幻觉阻挡了我们追求真爱的步伐，致使美国近年来离婚率超过 50% 之多。

《爱情不设防》的作者列出了很多造成伴侣关系痛苦且纠结的错误观念，并让我们面对真相，学习新的爱情定义。书中坦诚而真实的描述为不设防的爱情营造了一个温暖的家，每个人都可以在这个家里自由自在地做自己，因为真爱就是找到回归的自我。看过本书后，读者会发现自己在不知不觉间经历了一场既令人兴奋，又富有挑战性的重生之旅。

大多数人希望爱能将我们从幻想或“糟糕的事情”里解救出来，而糟糕的事对每个人意味着不同的感受，有些人是很难面对孤独，而有些人是找不到自身的价值感。就像我们渴望被爱救赎，同时又把最深的伤痛隐藏起来，不敢面对自己和伴侣一样。

《爱情不设防》把我们带进了错综复杂而又糟糕的事情里，并且清楚地说明身心合一的亲密能帮助我们透过幻象看清恐惧，最终在爱里得到释放。用莎莉和里昂的话来说就是：让我们“自在地做自己才能身心和谐安宁，我们本身就一直存在于和谐中”。

在过去的二十年中，我们一直在精心打造本质真实的爱，是为了保障两性关系和谐。其中有一个问题很多次被人问起：“怎样才能做真实的自己，同时又能与他人和谐相处？”《爱情不设防》就告诉我们，一些不起眼的日常选择和举动能逐渐激发我们的本质并使之产生魔幻般的改变。看着好像容易，做起来却真的很难。例如：你能做到直面感情伤痛而不逃避吗？不断在往事中寻找伤痛的根源并且理性对待吗？

那么为什么有一些思维正常的人情愿选择走进痛苦和未知的情境里去探寻呢？莎莉和里昂说，因为人类对自由的渴望超过了对安全感和被理解的需要。实现自由的目标只有以卸下自身防备为前提，才能让我们在爱里翩然起舞。《爱情不设防》中的每一页，都向勇于探索无限内心世界的读者展现了一个自由自在的空间。

想象一下，如果你不再让自己穿上盔甲防备；如果你与伴侣的每一次互动都能有新鲜的发现从而建立更深的亲密感；如果你每一天对自我的限制越来越少，而了解到的未知事物却越来越多，这会是一种怎样的景象呢？《爱情不设防》将会让你的梦想成真。

盖伊和凯瑟琳·亨德里克斯

2000 年 5 月

开篇

当安妮第一次向蒂姆提出想加深彼此关系的期望时，蒂姆给予的回答是："不。"前不久他和"此生最爱"的前女友刚经历了一次痛彻心扉的分手。对于蒂姆来说，感受到太多爱情的负面情绪，爱就有可能代表着失败，短暂的快乐之后是情感的拉锯战、情绪的受挫、冲突的处理、长久的痛苦以及一系列无尽的失望。

蒂姆继续描述着他所"认为"的伴侣关系——爱情带来的，都是他不想要的东西。这时安妮说："如果这就是你所认为的爱情，那么我们在一起还有什么意义呢？"蒂姆瞬间哑口无言。那么她认为的爱情又是什么呢？

现在，安妮已经做好准备，想经历一段可以超越之前任何一次恋情的全新爱情。因为她之前有过几次认真却失败的恋爱，甚至有一段长达十二年的婚姻经历。如今她希望用自己的热情、温暖、慷慨和友善与伴侣互动，使两人关系能不断升温，而不是像从前那样越变越糟，最后两败俱伤。并且期待这次的恋爱关系可以让双方都能找到自我，互相扶持，而不是成为对方的羁绊。安妮认为：值得维系的关系是，无论是一个人还是两人在一起，都可以发挥出自己最大的潜能，为亲密关系创造美好的感觉。

蒂姆知道安妮所描述的是一种彼此完全坦诚的感情，在他过去经历的亲密关系里曾有过短暂的体验。但是一次次的失败让他早就放弃了对爱情坚定的追求，维持这种坚定不移的、全身心紧密相连的感觉太难了。在他聆听安妮的诉说时，内心尘封的希望又慢慢被点燃。直觉提醒他，梦想中的爱情不仅存在，而且，那才应该是爱情原本的面目。

亲密和不设防的爱情

当安妮和蒂姆第一次来找我们时便提出要求，希望在我们的帮助下建立一种伴侣间更深层的关系。这种关系模式要超越以往那种普通的感觉，他们用“亲密”这个词来描述那种状态。后来我才了解他们所说的“亲密”并不仅仅指性关系，还包括感情上心心相印的需求。

更深层次的关系保障两人之间的感情不会被过去的痛苦、沮丧和失败所影响或破坏。双方都愿意打开自己并了解对方，在感情、思想和身体上都能和谐统一，坦诚相对。能够面对一切可能出现的阻碍，不会被习惯性的自我防备和不稳定的情绪左右。

随着我们和安妮、蒂姆的深入讨论，他们越来越清晰地意识到，这次爱情探索之旅有着更多潜在的深层意义。感情上的“亲密”意味着了解和爱真实的对方，彼此之间没有隔膜，他们也愿意承诺让自己去做一对“不设防的伴侣”(undefended lovers)。这件事看起来好像有说不出的危险，从另一个方面来讲又让人感觉兴奋不已。

界定不设防的心灵地图

要卸下一生都在防备的固有行为模式是件非常不容易的事。如何才能做到呢？首先要了解复杂的保护情感模式，从过去的感情创伤和症结中，认识我们了解自己和爱别人的能力，找到一种新的方法来提升这种能力，而不是去阻碍它。

《爱情不设防》为大家提供了如何卸下防备的方法。第一步要先识别“性格”（personality）与“本质”（essence）的区别。性格是一种我们自身创造出来的保护机制，目的是为了防止我们因为面临突发事件失去控制而受到伤害；而本质，才是真实的核心。当我们的“性格”失去弹性而变得僵化时，就如同把心囚禁在监狱里隔离了与“亲密”的关系，因为心是获得亲密的来源。随着时间的推移，当我们能够渐渐卸下这层面具，学会用一种不设防的方式面对他人，自然就回归自己内在的“本质”，将充分享有不设防带来的幸福情感体验。

那“本质”又是什么呢？卸下了所有防备后，我们与生俱来的那部分“本质”就自然浮现，清晰可见。在这个从来不会改变的内心地带，我们能感受到完整、有联结感且令人愉悦的爱与被爱；自始至终在情感上不会感到孤独。本书的目的就是让你找到自己的“本质”，全身心地投入爱与被爱之中，没有任何被限制、抑制和束缚的感觉。

“性格”与“本质”好比是一段亲密关系的出发点和目的地。为了更清楚地理解它们的深层区别，我们现在来举个例子，闭上眼睛想象一下，在你面前有一张桌子，上面有三尊都是重四百克的由纯金打造的塑像，形状分别是尼姑、士兵和母亲手抱婴儿，如果把它们融化，都会得到相等重量的四百克黄金。

思考一下哪一尊塑像最吸引你？哪一尊你最不喜欢？为什么？我们对这些塑像外表的反应，喜欢或不喜欢哪尊，和“性格”的运行机制是一样的，就是说判断喜欢与否的依据仅和我们的过去经历相关，而和塑像的本质——是不是纯金打造的一点关系都没有，听上去是不是有点让人惊讶？

巴巴吉（H.W.L.Poonja），印度一位伟大的导师和圣人，在生前提出了上面这个比喻用来说明“性格”与“本质”的区别，以免我们总是搞不清楚自己是谁。其实每个人本质上就像纯金一样，无论形状如何，都是善良的、有价值的、完整的。但是，当我们不能自我认同或只是用“性格”来面对自己和他人时，就会一直被过去经历的影响所纠缠：别人看到的就只是我们的“性格”，而真实的内在却被隐藏起来了。

我们必须直面自己内心深处的恐惧，才能找回原始激情的本质，建立起亲密关系。我们一定要抛弃过去习得的情感防卫模式，去除情感外衣的伪装，展示出真实的自我——不设防的自我，才能永久地显现与生俱来的本质。随着我们开始不断经历和体会什么是本质的生活，也会慢慢理解这次探索之旅的深层意义：我们的“性格”隔绝了真实的自我与他人之间的联系，一旦扫清这些障碍，幸福的爱情生活自然就来了。

走向共同的目标

现今，许多流行的两性关系书籍都会提出这样的观点：要想男女和谐相处就要知道他们之间存在什么“差异”。这样我们很容易把两性关系之间无法掌控的冲突、紧张和距离感归咎于“差异”。如果认定伴侣是来自另外一个星球的异类，那我们就没有必要去研究、解决这样的一个命题——人的问题是在环境下产生的。但现在的争论是，真正导致两性无法形成亲密联结的原因恰恰是个人所处的社会环境因素，而不是两性间所谓的“差异”。

许多女人都认为与男人形成没有防备的亲密关系有点难，因而更愿意从自己的女性朋友那里获得亲密感，这就意味着与伴侣保持亲密的可能性就更少了。通过接待个人、夫妻还有团体等诸多客户后发现，男性和女性获得亲密感的“天生能力”是一样的，有相同的愿意和能力卸下自己的防备。性别差异可能会使男性的意愿略低，可一旦他们体验到了这样做的好处，相比从前体会到了幸福的亲密感，就会像女性一样开始努力正视防备带来的阻碍，并且尝试和我们一起去改变。同性恋的亲密关系和异性恋在这点上没有太大区别，一样是可以做到的。

当我们看见自己纯净如黄金般的内核后，开始知道自己是谁，就有能力体验亲密了。男人和女人如同用黄金打造的不同塑像，而性别差异就如污渍覆盖了真相。事实上，我们每个人都有能力来擦掉这些污迹和尘土，使其重新发出耀眼的光芒。情感上亲密的伴侣都是经历过在矛盾与差异中不断探寻，直到找到自己与对方的内在本质。

在我们走向共同的目标——一起努力挖掘“本质”的过程中，双方会感觉越来越亲密，对彼此更加坦诚，即使出现分歧时，也不会像从前那样感到孤独无助，任距离越来越远。

我们对于某个人情感关系的辅导会带来连锁反应，一个人的转变会影响他的伴侣、家人、朋友甚至整个社区。即使小到某段感情，一方想要通过改变获得亲密感，那么在思考过程中他也能帮助另一半发现自身有价值的品质。性格和社会条件产生“差异”的迷惑越是被我们澄清，伴侣也就越愿意和我们一同探索。这种充满自由和无限可能性的感觉很容易激励和感染他人。

不仅仅是出于性的吸引，对于身心合一体验的渴望，心理和精神上的亲密在两性关系中起到的主导作用，将会让越来越多的伴侣结合在一起长相厮守。比如泰德说自己是“一个正常的男人”，他告诉我们，他的新恋情开始六个月后：“肯定没人相信，我们还没有发生过性关系，但双方感觉很开心且有聊不完的话题。我喜欢和她待在一起分享从来没有告诉过任何人的秘密。我们在一起的感觉好到像过去做爱后的一样的体验——真诚坦率、放松舒适。过去我认为性就代表亲密，现在却完全不同了，即使要发生性关系，我也清楚地知道那只是快乐的一部分，并不是唯一的选择。”

坚定不移的爱

探寻伴侣之间亲密感的心灵之旅并不简单，不但需要充满勇气，而且要有所付出。但是，抵达旅途的终点会让我们更有能力体验幸福和谐，不会被情绪上的失落、痛苦或生命中的其他困难干扰。无论这种不设防的能力是由于运气自然而然领悟的，还是通过不懈的自我成长而获得的，在这段旅程中走的每一步、每一次飞跃，都值得细细体会。不设防的爱情其实是一种“可以培养的能力”，是每个人都可以通过学习而获得的能力。

我们只需要携带两样东西开始这次旅程：一张界定不设防的心灵地图和一颗真挚的心——愿意在感情中敞开心扉并为此付出努力。这张地图就在本书当中，相信全心投入的读者会通过各种方法找到它。

在电影《心灵火花》（*Harvest of Fire*，1996）中，主人公说过这样一句话：“一旦两颗心彼此触碰，就再也无法完全分开。”

这句话道出了不设防所具有的强大力量：双方在彼此心灵的最深处触碰交流，这个过程就像金矿在熊熊的炉火中经受考验。共同对爱情产生坚定不移的信念，最后获得真金本质，去接受自己，爱他人并感受爱，这将大大强化爱的能力，这也是人生转变的过程。

希望所有人都能拥有自己梦想中的生活和爱情。

Chapter 1

渴望亲密的心灵之火

我们渴望得到亲密的爱情，但是人们却不了解亲密真正的含义，众所周知的亲密令我们产生误解，定义通常都是错误的，更不要说如何获得，如何维持了。为了寻求亲密的真正定义，必须敢于忽视老一套的说法，并挑战过去那种根深蒂固的观念。许多人一说亲密就联想到性关系，不过就是在身体和感情上拉近距离，或是彼此交流心底的秘密。但问题是，如果这些具体行为可以带来我们认为的亲密，那么为什么当每次真的这样做的时候，却又体会不到呢？有时候性关系确实带来了亲密的感觉，为什么这种感觉下次却又没有了呢？如果距离的拉近可以带来亲密，那为什么许多伴侣天天粘在一起反而会觉得平淡、无聊、缺乏活力，或觉得关系被“困住”了，并没有因为对方的存在而感到心潮澎湃呢？如果彼此诉说秘密可以带来亲密，那为什么当一方说得声泪俱下、痛彻心扉时，而另一方却不为所动、没有反应呢？

某个具体的行为并不会为我们带来亲密的感觉，这就是为什么将“亲密”一词和发生性关系对等显然是错误的。虽然有时候我们可以从性关系中获得亲密和谐，但是，亲密并不单指发生性关系，而应该是用本我面对自己和伴侣时的一种存在状态。

大多数人肯定都有过这样的体验，当我们摆脱了日常琐事，脱下了身上美丽的衣服，那种内在真实感突然就会浮现出来让人无比放松。这种感觉同我们与伴侣之间深层的心灵接触是一样的，哪怕就只有那么短暂的一瞬。亲密的核心意义在于：放下生活中表面的大家都能看到的“外在的我”，去找到内在的、不为人知的深埋于心底的无限的“内在真我”。

亲密的心

“亲密”一词源自拉丁语，意思是“找到一个人最深层的本质”，即“最重要、最根本的部分”。深层本质看上去好像看不到摸不着，但其实它离我们并不远，就潜伏在日常生活中人们所扮演的角色下面，不断在自身和伴侣身上慢慢感受和体会，才能获得亲密。性关系或其他行为都可能让人体验到亲密，但是真正的亲密并不仅仅只有这些。

随着我们去感受真实本我的能力逐渐提升，会感到与周围一切事物的距离也拉近了，好像一切都那么真切。大部分人肯定都在某一时刻有过类似的体验：自己真实存在于那一刻，精力充沛，周遭的一切看上去那么美好。当我们与大自然接触的时候很容易有这样的心境，这就是为什么当我们感到困惑或需要思考时，自然而然会想去附近的公园、大山或海边走走，尝试与自己的内心做深层联结。就好像日本诗人和泉式部在诗中所写的那样：

子夜
赏月，
月傲处半空，
孑然一身，
我看到了自己，
一个完完全全的自己。

在洗净一天尘世的喧嚣后，漫步在古老静谧的红杉树丛下，倾听内心的声音，抬头凝望无边无际的天空，或欣赏潮起潮落，或观赏晚霞落日，这时内在本质的自我开始显现，我们开始知道自己究竟是谁。

有时做一些像冥想、祈祷或者瑜伽的精神练习，不但可以让我们变得自信、平静、开阔、觉察力增强，而且不会轻易被反复无常的情绪或外在环境变化所影响。即使有时无法找到自我，也会相信这些美好的本质一直存在于身体中，我们自己本身就是仁爱平和的，并不需要向外寻找。

如果在我们与伴侣的相处中也伴随着这样深深的宁静状态，那情感关系又会发生怎样的变化呢？面朝大海、吟诵诗歌、聆听音乐或坐在一棵庄严、茂盛的老橡树下，气定神闲、全神贯注的状态，你能做到在面对伴侣的时候也这样吗？要想在另一半面前也表现得如此坦然、亲近，就需要展露出自己没有防备的脆弱面。我们也许偶尔感受过这样的美好时刻，人生犹如被唤醒般体验着罕有的兴奋感：那就是和伴侣真正心心相印，坦率地表达自己的情感和内心的瞬间。

我们在坠入爱河或体验到一场完美性爱的时候，会感到完全地被了解、被爱。在那一刻，当下的美妙把厚重的防备完全融化了。这种体验比其他任何感觉都更加美好，这就是亲密、关心、珍爱的最高境界。然后，我们就误认为这难以言喻的美好瞬间是源于某次具体行为，而忽略了这种感觉的真正来源——我们心灵不设防的自然状态。于是，我们一次又一次地发生性关系、一次又一次地坠入爱河，企图再次找到这种感觉，最终却绝望地发现，短暂的亲密后徒留的又是那种熟悉的距离感和孤独感。

两难的抉择

也许是文化信念的误导让许多人都认为：如果我们能找到合适的人，全心全意地爱着对方，结局就一定会如想象中那样永远美满。而在大多数情况下，这个愿望都无法实现，我们就会认为自己或伴侣在这段关系中出了什么问题。于是就盲目地采取措施急于改变这种状况，不是把自己变成对方想要的人，就是想要改变对方来实现“应该就是这样”的幸福生活。

运用不设防理论的实例：简和格雷格

四十五岁的简和她的丈夫格雷格参加了我们的周末伴侣关系辅导课班。在自我介绍时，格雷格说：“新婚初期，我们都坚信自己找到了人生中的另一半，我一直对朋友说，能找到自己的真爱真是‘太幸运’了。”简马上又补充道：“格雷格过去把我视为他的灵魂伴侣。”他们性生活很和谐，有共同的爱好，空闲的时候两人最喜欢做的事就是待在一起。但是，经过了四年的相处，他们现在正在考虑分居。他们来辅导的目的就是希望找出他们之间到底出了什么问题。简说："至少，如果我们还能继续走下去的话，起码我得先搞清楚发生了什么问题，下次就可以避免类似的情况。"

辅导的第一天，简和格雷格就自愿在大家面前讲述自己的故事。简知道格雷格过去很爱她，但现在她感受不到那份爱了。"他现在看我的眼神没有过去那么温柔。我很怀念从前那段美好时光。那时在我们回家各忙各的之前，他会把我拉到他的大腿上坐一会，即使只有短暂的几分钟，我也能感受到那份亲密。但是现在，白天接不到他的电话，晚上也很晚才回家。"

轮到格雷格的时候他告诉大家：他觉得不开心、焦躁不安、有束缚感。"大概一年前我就开始感到婚姻很无聊：下班后不是看电视，就是在周末被指挥买这买那，两人之间的交流很少。"他又补充道，他们的性生活在刚开始时非常刺激，但是，时间长了之后也变得无聊乏味。

许多夫妇都像简和格雷格一样，短暂地享受世人所谓的"完美"生活后，就开始过着越来越无聊的生活。他们来到我们的辅导班抱怨："火花消失了""我们的距离越来越远了”“所有的爱都不见了”“看着他，我找不到过去那个和我结婚的人在哪里了”。他们都极度怀念最初的日子，以为只要回到过去的状态，就会重新获得幸福。

简和格雷格没有意识到的是：我们在关系初期体验到的火花，只是一个告诉我们可以继续加深了解彼此的“信号”。最初种下的亲密种子能否生根发芽，开出美丽的花朵，取决于我们是否能够释放自己，脱掉威胁我们幸福的厚重防备。

课堂上的另一位学员问简，你是如何对待日益拉大的距离的？“越感到格雷格远离我，就越想努力把他拉回来。我几乎用尽了全力想要把自己变成他所期待的那个人。”然而，她越想改变自己，就越感到筋疲力尽、充满怨恨。同时，格雷格还埋怨和简在一起时越来越无聊。他开始花更多的时间和同事一起去喝酒，想象着如何“越狱”，找个新的伴侣。

我们都希望并相信，一段关系可以永远自然处于幸福状态，不会被我们过去遗留的情感所干扰。而当令人讨厌的恶习又浮出表面，问题频繁出现、早期的坦诚消失得无影无踪时，就会觉得伴侣伤害了我们。如果这样的情况在关系里反复出现，我们就会得出结论：这种深层的亲密是无法长久维系的。一边期待真正的亲密，一边又不自觉地等待着失望和痛苦，两种矛盾交织在一起，让我们很难对伴侣产生信任。

防备或许会给自己带来安全感，但同时它会隔离我们对亲密的体验。所以，这就让我们陷入找寻自我的困境中：一方面期望自己走出过去习惯性的、毫无热情的、充满矛盾的关系模式，另一方面又害怕因打破过去的保护模式而遭遇风险与责任。最后，我们选择了安全、舒适、被束缚。其实，我们必须认识到：意图改变对方或是寻求“更好的”伴侣，都不能为我们提供最渴望的东西。因为与另一半建立良性的深层关系要求我们必须敢于挑战自我，打破旧的行为模式。

在我们学习容忍恐惧、中断旧的防备模式、停止操纵对方的过程中，对自己内在深层体验的觉醒也会不断增加。获得亲密的第一步就是更清楚地认识自己，而不是改变、控制自己或对方。我们必须先关注自己，才能获得别人的关注。我们必须先打开心扉，才能让心被感动。我们必须摆脱过去的感情控制，才能获得新的亲密。只有当我们用一颗不设防的心去面对人生时，才能与真正的自己和伴侣形成渴望已久的亲密。

在格雷格自我探索的过程中，他意识到对简的感觉在前两次的婚姻中也重复出现过。在每段婚姻中，他都无意识地认为，妻子承担着让他快乐的责任。“当最初的火花消失了，我发现又回到了那个熟悉的地方。无论我与谁在一起，过几年后，都会由于同样模糊不清的原因感到不幸福。”格雷格承认，只要他把自己幸福的责任放在别人身上，就会时常感到不满足。现在他意识到，自己应该承担起这个责任，了解自己不满的根源，而不是选择逃避。

经过周末课程中不断地反省与自我审视，简发现婚姻几乎代表了她所有的生活："我仿佛没有自己的生活，在我们的婚姻中好像是不存在的一员。”简的生活就是围着格雷格转：他喜欢什么，不喜欢什么；他想要什么，不想要什么；他的信仰和信念是什么。“虽然我很想说这样做是因为我爱他，但这其实只是一部分原因。我现在才知道，之所以围着格雷格转，是因为害怕面对自己内心的空虚。”简紧按着前胸好像要抓住自己的心，“我害怕自己失去存在感”。

简几天前还在想与格雷格离婚，但是现在，她却想营造一种全新的关系：她必须更加了解自己的内心，两个人才能在这段关系中找到完整的彼此。即使现在她发现自己内心空荡荡，也必须找到属于自己真实的身份，而不是别人强加在她身上的。当我们在一段关系中遇到了矛盾或不满，就需要挖掘自己身上隐藏着的尚未被开发的部分。

只有当我们学会放弃对于“完美夫妻”的假想，并根据双方真实的本我建立独特的情感联盟，才能找到期待中的完美关系。当与对方建立的亲密关系貌似断裂时，就仿佛站在了悬崖边上，这时我们该如何抉择：是该继续加深对彼此的了解？还是退回错误信念的安全洞穴里去？而我们的错误信念往往是：如果这段感情是对的，幸福就会持续。

如果你已经有了错和对的冲突想法，慢慢的你就会放弃过去的错误思想，发现其实这根本不是重点。激活对于真实自我和亲密关系的渴望，会引导你最终踏上“爱情不设防”的旅程。

心灵的双重渴望

许多人带着对美好爱情的憧憬来到我们这里求助。对一些人来说，这种憧憬可能是对过去某一段恋情残留的美好回忆；对另一些人来说，可能是一种模糊的概念，希望获得更多的爱和联结。他们期待自己被爱，也能毫无保留地爱别人，或者希望让本来已经很好的关系到达一个更高的层次；有时候又是一种对关系中确定性和清晰性的渴望，希望能够有创意且自信地表达自己的想法。

有些人总是习惯性地压抑自己的渴望，他们来到我们这里，说生活平淡无趣但却对此无能为力。另一些人甚至都说不出他们到底渴望什么，却感觉总在找寻什么。一位参加我们课程的女性，那天是她八十一岁生日，她说："我的心中有一团无法抗拒的火焰在燃烧。"我们把这团火焰称为：人类心灵的双重渴望（the dual yearning of the human heart）。

第一重渴望：渴望与另一半拥有更亲密的关系。几千年来，这种基本的人类需求并无太大变化。比如圣经里常被人引用的爱情金句，路得对拿俄米说："你往哪里去，我也往那里去；你在哪里住宿，我也在那里住宿；你的国就是我的国，你的上帝就是我的上帝。你在哪里死，我也在那里死，也葬在那里。"（《路得记》1:16，17）在我们的日常生活中希望有人做伴，感觉到被人需要，有归属感，找到自己的"另一半"或"知心人"，这种渴望通常都被看作希望与对方更加亲近的信号。

第二重渴望：渴望与自己拥有更亲密的关系。通常我们会思考人的真实本质是什么？在社会的要求和自己的期待之下，真实的我们是什么？我们希望对自我有清晰的认知，追根溯源感受到生命的活力，感受到生活掌握在自己手中。当我们用本我面对自己时，就会毫无伪装地直面生活，在每一次经历中感受到自己的存在。

每个人都希望能够实现"心灵的双重渴望"，无论是与伴侣还是与深层的自我建立亲密关系。我们可以称这种渴望为一种呼唤，它呼唤我们踏上寻找心灵的亲密之旅，我们渴望用开放的心去爱别人，也渴望得到无条件的、毫无保留的爱。心中的火焰会坚定不移地指引我们，就像有一种神秘的力量可以指引大马哈鱼不辞辛劳地穿越半个地球，也要逆流而上找到自己出生的源头。像大马哈鱼一样，我们一生的宿命也是寻找回家的路，完完全全地让自己与伴侣一起回到最源头的“家”。

*** 我们的宿命——回“家”**

无论我们大声说出来，还是在心中温柔地默念“家”这个字，都能马上感觉到安宁、完整和自由的氛围。哪里才是真正的家？我们所犯的最大错误就是相信家在“外面”，在伴侣身上、在其他某个地方，或者以为满足了自己永无止境的欲望就是找到了家。虽然爱人、心爱的宠物、孩子或田园牧歌般的生活等一些“外在”的东西也会带来家的感觉。但事实是，只有找到深埋于我们“内在”的某些东西，才能够算是真正的回家。

探寻不设防的亲密关系就是踏上回家之路的起始。在路上我们找到自己和伴侣身上的完整、爱以及喜悦。经过一段时间，就会知道其实我们一直都在家里，只不过是没有察觉。一旦掌握了这个真理，就会意识到虽然曾经有过感情失意、冷战僵局或卷入自我防备的经历，但我们仍旧有能力感知完整、充实、开放与和谐。我们可以勇敢地敞开心扉，不会再因为生活所处的环境而迷失自我，因为自信与确定已在心中生根发芽。

如果我们能够了解到最脆弱的自己，了解得越深，心灵的双重渴望就会得到越多的满足，与他人获得亲密感情的能力也越强。“爱的定义并不是什么倾心、献身或二人的结合，”诗人瑞娜·玛利亚·莱克在《致年轻诗人的信》中写道，“它是一种个人的崇高动力，推动自己成熟并完善自身……这是一个伟大而艰巨的目标，在这种信念的感召下，我们走向更宽广的空间。”正是因为对这种不同寻常的爱有着深切的渴望，我们才有勇气超越阻碍、恐惧以及不足，发现自己和他人身上独特的闪光点，并用这些闪光的地方与他人相处。

跟随心灵之火的引导

学习了如何毫无防备地爱与被爱，就会找到最初最原始的自己从而获取能量，并能够勇敢地表达我们心灵深处丰富的需求。即使当我们的情感被暴露或是受伤时也要培养亲密的能力，放弃过去那些让自己感到安全的保护措施，鼓起勇气毫无保留地付出自己的爱。如果通过这种方法获得了亲密关系，就会发现从这一刻开始，再也不会有无依无靠、残缺或没人爱的感觉。因为爱永远存在于我们的身体和心里。

有很多人都在年复一年地用防备的方式保护自己，以至于早已忘记了该如何与心灵直接沟通。我们不知道怎样打开自己去爱别人，只是一直在等待那个对的机会、对的人、对的时刻出现。殊不知，在永无止境的等待中，机会早已与我们擦肩而过。

运用不设防理论的实例：一个代表性的承诺

记得有一次，我们准备离开波士顿参加一个会议，正坐在机场大厅里等飞机，在最后几分钟的时候突然被一个电视节目吸引住了。主持人正在采访一对特别有意思的夫妻，他们在外貌上反差非常大：男方可能是因为生活窘迫和艰辛而显得肌肉发达，而女方娇小纤细，感觉非常脆弱。然而在采访期间，两人不时看着对方意味深长地微笑，向对方传递爱的鼓励，仅仅在他们的一举一动、一言一行上都显得极为和谐。

妻子说：他们的感情五年中都是在分分合合、磕磕碰碰中度过的。丈夫解释原因：感情初期他有“承诺恐惧症”。妻子接着说：因为对方不愿做出相伴到老的承诺，所以就离开了他，去寻找愿意给她承诺的男人。不久后，她就和另一个男人在一起了。在与那个男人发生关系后才发现他是HIV阳性携带者，可自己已经感染了艾滋病并出现早期症状。

这时，双方都沉默了几秒钟。然后，他又缓缓地边思考边陈述：“听说了这件事后，我毅然回到了她的身边并向她求婚。”主持人问为什么，他的回答坚定而明确：目前女友身染重病，大家在一起的时间不多了，才意识到自己原来一直深爱着她，虽然在他心底的某处，可能最初是觉得“长期承诺”并不可靠，但是生活的突变却让他充分打开了心扉，付出了自己所有的爱。

“要感谢这个可怕的疾病，让我立马学会了如何卸下自己的防备。”他说，“过去旧的行为模式对我来说实在是浪费时间，现在和她在一起的每分每秒都是这么珍贵。”我们那趟航班开始广播登机了，但为了听完这个男人的最后忠告我们还是逗留了一会儿：如果你想知道如何才能够毫无保留地付出你的爱，只需假想一下如果伴侣得了不治之症，你们只有最后六个月的相处时间，你会在剩下的这段时间里怎么做？

* 内心的挣扎之火

其实，我们可以有意识地选择不设防地去爱，而不是被动地等待生命中发生某件事来迫使我们这样做。这并不是说要压抑不舒服的感觉假装自己很好，或是刻意改变行事作风。我们也不可能无视自己内心的想法，忽视两个人之间确实是存在着差异。但若是假设对方与我们在一起的时间非常有限，我们的“姿态”就会立马有所转变，它仿佛是一种指引，指引我们走向幸福。我们会意识到生活提供了一个选择：要不就对他人产生防御并拒绝体验幸福人生，要不就去接受生命的脆弱。只有当我们在关系中放松而不是提高警惕时，才会找到自己和对方的优点和共同点。

当我们只是简单地让自己待在困境中，内心中的挣扎之火就会软化坚硬的防备，磨砺我们的洞察力。但如果我们愿意卸下防备去解决感情问题，那将会是通向自己内在的绝佳路径。“当你的生活出了问题，”作家、自我实现专家 A.H. 阿玛斯说，“关键不是仅仅解决这个问题，而在于通过解决问题使自身得到成长。”在通往不设防的亲密之旅中，更加了解自己拥有的天赋与优势，性格将会因此而得到完善。当我们再遭遇挑战时，过去那种“我不行”的信念就会转变为“我行”的信念。当我们能够坚强地独自面对孤独与寂寞，而不是逃避或分散注意力时，我们就会发现“亲密”无处不在。如果过去的信念是：我们是不完美的、有缺陷的，那么现在就会意识到：这种想法并不完全正确，我们要比想象中更加强大。在努力超越过去的自己时，我们也拥有了创造亲密感的能力。

每个人的情感成熟度是帮助我们学习在生活中培

养亲密感的一个重要因素。做到这个并非容易，在感情关系中，它会让我们有一种归属感、确定感以及幸福感。这些感觉是属于自己的，没有人可以拿走。放下我们早已习惯的防备需要有一颗足够坚强的心，这样才能感动别人也被另一颗心感动。这就要求我们在临近情绪爆发边缘的时候，控制好自己的本能冲动，停止攻击别人，保护自己避免冲突。

我们只有找到了内心最深处的自己，才会愿意在面对恐惧时保持开放的态度。当我们开始滋养和培育最本质的自己时，其他的好事就会接踵而来。作家、冥想家杰克·科恩菲尔德所说的瓜熟蒂落就是这个意思，心智成熟才能让我们用最深层的本质呈现亲密，而这也是达到亲密关系的基础。

迎接第一项任务

世界知名心理学家维克多·弗兰克，即使在纳粹集中营里也能找到生活的意义。他的话可谓一语中的："当我们无法改变环境时，就要学着改变自己。"只有认识到这一点，我们才能改变现状忠于真实的自我，从而获得亲密的感情，而身边的朋友可能还在过着伴侣如走马灯般的生活。

创造并维持亲密的关系，还需要了解一个无可争辩的真理，那就是：我们内心有一面镜子。在关系里每种感受、情绪、信念反应都体现了我们自己的一些问题，而不是伴侣的。要培养爱他人的能力和用不设防的心去生活，需要掌握一个最关键的原则：在你想要批评或评价别人的行为之前，先试着挑战自己从旧的防备模式中释放出来。

这并不是说我们的感觉与伴侣毫无关系。但如果只把重点放在对方身上，就很容易陷入指责和被指责的泥潭中。争端和矛盾的发生，通常双方都有责任。或许我们对伴侣的抱怨多少都有正确的地方，但就算是百分之百的正确对我们又有什么好处呢？这对提升心智成熟和增进感情并没有任何帮助。

如果我们不先研究一下自己，就无法加深对自己的理解，并在此基础上有所成长。我们通常会建议客户：在想要把责任都归咎于对方前，先审视一下自己的反应，然后学着卸下自己的防备。在第六章至第十章中将具体讲述如何做到这点。

我们与一对伴侣初次见面时会问，你们是否愿意重新审视对现实的看法以及防御的反应，以加深对自己和对方的了解。两人都会承诺“怎么样都愿意”，但是，真正的考验在于，他们是否能够学会把对伴侣的责备，转变为对自己的行为和反应的审视。

运用不设防理论的实例：史黛西和哈尔

史黛西和哈尔在感情道路上仿佛走进了一个死胡同。每次史黛西感到不高兴，无论在情感或是行为的表现就是——径直逃离。哈尔每次面临这种情况都会觉得非常崩溃。在他们各自陈述完后，我们问哈尔，他每次遇到这种情况时的反应是什么。“为什么你们要把焦点放在我的行为上？”哈尔很生气，觉得被放在了“聚光灯”下。“是史黛西把我关在了外面，不告诉我她到底在想什么！来问我干什么？”我们向他承诺，稍后我们会询问史黛西这样做的原因，现在只是想让他先确定一下，当史黛西封闭自己时，他的感觉是怎么样的呢？哈尔试图反抗，觉得大家这样问是认为他做错了什么事。于是我们又问：“你认为很重要的一件事，是说明你没错，对吗？”“当有人说你错了的时候，你有什么反应？”哈尔还是不能把注意力放在自己身上。“我觉得，你们在暗示当她离开我时，是我的感觉出了问题。”他继续说道。我们追问：“那当她离开时，你有什么感觉？她离开后，你会怎么想？”这时，哈尔爆发了：“我怎么想有什么关系呢？问题是她离开了。”

毫无疑问，史黛西也坚定地认为哈尔是问题的核心。“很高兴你们来了解我面临的问题。我希望他不要这么咄咄逼人，他总是需要别人的认可，真是令人发疯。”

双方都不愿意探索自己在这段关系中的责任，仍旧根深蒂固地认为：如果对方有所改变，他们的关系就会得到改善。如果史黛西和哈尔一直关注于对方的行为，回避自己心中无法忍受的情绪，其实等于是在不断增强双方在生气时重复播放着的旧的行为模式。

我们可能都知道，争吵或者试图改变对方从来都没有好结果。只有当我们停止责备对方，把注意力放在自己身上后，才能开始了解到底是什么样的情绪在主宰我们的反应。这样，史黛西和哈尔不仅不会面临感情危机，更重要的是，他们可以关注自己究竟为什么在对方的某个行为上那么敏感。

我们发现，一段感情关系中的矛盾通常都很伤人，人们不自觉地都会防御自己，希望对方能够停止“制造”矛盾。但如果我们能把矛盾当成一面镜子，问问自己为什么会有这种情绪反应，慢慢地就能彻底改变这种互动关系。例如，如果我们有建立亲密关系的决心，但伴侣却总是想要封闭自己，这时就必须注意自己内心中升起的孤独与愤怒感，而不是对一些与自己观点相似的朋友控诉伴侣是如何的冷漠。当我们有能力面对、探索并改变自身的行为习惯和思维模式时——无论伴侣如何激怒我们，都能拥有亲密的感情。

当然，这并不是说如果你在一段感情中遭到了虐待，还得硬撑下去。你不需要为了找到自己内心的问题，而遭受对方的虐待。这里提到的方式所面向的读者是那些想用一颗开放的、没有防备的心爱自己与对方的人。但是，即使经专业人士确认你在感情中没有遭到虐待，当感觉对方的观点和你不同时，也会觉得自己受到了伤害，并对“被冤枉”极度敏感。无论选择离开还是继续一段感情，只有当你确定把改变自己当成第一任务时，才能真正获得没有防御的爱情。

通过我们的辅导和带领，史黛西和哈尔慢慢地开始把他们之间的问题当作一个指南，指引他们发现自己的脆弱，这种脆弱常常深埋在一种“自己没做错”的信念下。最终，他们对彼此都有了更深的认识，而不是一味地指责对方给自己带来了痛苦和不悦。如果我们能够“用本我面对外界”，就能认识并清除自己身上那些无意识的部分，防止它们阻碍我们认清一个事实——我们是完整的、坚强的、充满爱的个体。

当我们想要了解自己的决心大过想要隐藏、保护、自卫或责备他人的习惯时，我们就能够完全离开自己的保护壳，让自己不再孤独，无依无靠。要想获得不设防的爱情，首要任务就是清除我们的防卫障碍。

一切皆有可能

两人能够彼此心心相印，保持感情的联结是可以实现的一件事。我们首先要认识到，现在所经历的挫折与不满，都在引领我们通向梦想中的亲密。一些人认为感情中的挑战实为关系中的“良药”，这些良药能让我们重新找回自身的完整性。如果我们能把双方的互动方式看作药剂，那么当感到不舒服时，就会在这样的背景下先审视自己的回应方式。然后会发现感情中的挑战能够帮助我们成长为一个情感成熟的人，学会毫无保留地爱自己与对方。

当我们能够迎接挑战，并在爱的力量指引下，找到痛苦所蕴藏的能量和勇气，开始直面过去的阴影，我们就可以驾驭那些由感情带来的痛苦，让那些经历变成爱自己和对方的动力。

当我们用自己最真实的本质没有保留地去爱对方时，就到达了心里最亲密的地方——这种状态或许会让我们很容易受伤，但也会让我们感到从未有过的喜悦。虽然可能还是会被过去的阴影所影响，害怕再次失败，但这时的我们已经可以追随“心灵的双重渴望”。这种渴望会指引我们穿越障碍，卸下防备，最终抵达双方最脆弱最真实的层面。

亲密指的其实是自己完全自由。真正的情感自由意味着不需要通过别人的肯定、同意或认可，也能够发现自己的优点。意味着我们不会再受到过去的控制：我们就是我们本身，没有限制、没有防备，了解了我们本身的价值，才能在任何情况下都与自己、与伴侣保持心灵的沟通。知名理疗家、诗人詹妮弗·威尔伍德指出：这次不设防的旅程需要我们放下一切，直面内心中的恐惧。

我愿意体验孤独，
原来亲密无所不在；
直面恐惧，
内心居住着一个武士；
放下失落，
却拥有整个世界；
任凭空虚吞噬，
生活却丰富多彩。
期待每一种困境，
困境将我改变，
最后发现，

困境化作灿烂的宝石。

我向造物主致敬，

是他创造了这项神奇的游戏；

我在其中感到了莫大的喜悦，

我俯首称臣更愿全身心投入。

当我们敞开心扉体验这次亲密之旅，并愿意探索内心中的痛苦时，就会发现：在缺失的安全感和破碎的梦想之下，有一道光会引导我们对自己有更深的了解。在那里，我们会见到那个完整的、纯粹的、返璞归真的自己。回归本质后，即使在日常的行为中，也能体验到最深层的、没有防御的亲密。它直接而坦诚地满足了我们对于爱和被爱的渴望。

Chapter 2

本质的自己：“我们是谁”的核心

要找到我们的本质与核心，就要有意识地选择用亲密的方式去体验爱，需要彻底敞开心扉，而不是等待某个契机让我们获得短暂的亲密感。在这个核心中，我们是满足的、善良的，没有任何恐惧；与世间万物都有所联系，感觉活力四射、精力充沛。我们所体验到的爱是如此美妙甜蜜，那些外在的亲密表演显得多么苍白无力。

我们许多人一生都没有了解自己的本质，只把自己看成是思想、行为、习惯、反应和表现的综合体，认为这些东西造就了性格。然而，在这层身份之下，我们未被发掘的潜力仍在沉睡。我们并不能通过智慧、情绪来发现内心深处的本质，却能直接感觉它的存在和力量。首先，我们要意识到——可能需要一些智慧，我们其实比日常生活中的自己更加强大，并不需要理解什么是本质，仅仅只需记住：我们的内心有一个丰富无比的世界。

我们都有体验自己本质的经历，无论是独处还是和别人在一起时，这种体验对个人生活都有深远的影响。它们在我们的脑海中挥之不去，因为那时我们会比平常任何时刻都更为清醒、有精神、有活力、心胸开阔。有些特殊的时刻能让我们立即体验到这种感觉的存在与魔力，这些时刻包括：

◎ 恋爱

◎ 与自然接触

◎ 当你被人珍惜时

◎ 当你被人感激时

◎ 目睹生命的降临或自己的孩子出生

◎ 与自己爱的人或宠物分离时

在这些时刻，本质会散发出足够的能量让我们感觉到它的存在。正因为与本质相连是如此的有魔力，有时候我们会误解它的来源，误以为是这个特殊的时刻或事件让我们获得了特别的感受。这一点在恋爱中尤为明显：以为是自己的另一半为我们带来了喜悦、生机和兴奋。这种危险的误解让我们无法了解到：爱人或者某位导师有可能会帮助我们获得这种感受，外在环境或人可能会给我们这样的体验，但是本质里最纯净、最基本的部分其实一直存在于我们的内心。

什么是本质?

《美国遗产字典》对本质的定义是："某一对象或事物本身所固有的东西，从定义上指该对象的特定和固有属性。"那么，我们的本质，就是内在的、能够定义的属性。这并不是习得的，不是外界认为我们拥有的属性，不是性格，而是最原始、最纯净的部分，就像果汁中多余的水分被蒸馏过后留下的蜜糖。它是自然界的基本元素，就像素数一样，无法再被分解为其他物质。

这种朴素的本质最容易在婴儿和精神领悟极高的人身上看到，他们身上都有那种未被压抑的、未被分散的能量。我们朋友八个月大的孩子多米尼克，总是会让人感到内心的平静。虽然大人要照顾和指导孩子，看上去是对孩子要付出更多，但是孩子的天真却也为大人的世界带来了无限的感悟。

虽然孩子和成人表现本质的方式有所不同，但是从他们身上都能看到相同的坦诚、自发性和觉醒。不同的灵性大师拥有的本质不同，但都有一个相同点：示范了如何成为一个自由的人。我的朋友在被一位老师指点后说道："太阳和月亮的光芒都抵不过领悟后的通达。"我们每个人心中固有的光芒，比世间万物都要耀眼。这就是为什么一旦找到了自己的本质，一个人就会发生翻天覆地的变化。

当我和印度精神灵性大师甘伽吉第一次面对面时，就感到她的眼神直抵我身体中的本质。在她强大的当下感和深不可测的宁静面前，我发现自己内心中残留的感情碎片很快就消散了，焦虑、冲动和太过在意别人评价的习惯都不见了，我再也不需要变成别人。事实上，我所有的思想、感觉和知觉都在一瞬间平静了下来。单凭她强大的存在感和发自内心的爱，不需要言语，我就领悟到：我就是我，而不是其他谁。

随着我们探索并发现自己本质的能力渐渐提高，与伴侣的亲密度也会与日俱增。但是，要达到这一点必须先认识到：我们比自己意想的更为强大，并且我们必须学习体验那些陌生维度。

深入细微的体验

虽然婴儿和灵性大师可以教会我们看到本质，找到活力的源泉，但是，如何保持与本质的联系，需要我们进行更深入的研究，并找出之间的关联。人类有不同的部分的体验，它们存在于一条连续链上，包括最日常的“现实体验”和我们不太熟悉的“细微体验”，大致可做如下划分：

现实体验 Gross realms					细微体验 Subtle realms					
思想 Thoughts	<->	感觉 Feelings	<->	知觉 Sensations	<->	能量 Energy	<->	微光 Subtle Light	<->	本质 Essence

在日常生活中，我们主要通过思想、感觉和知觉来体验所谓的“现实”。一系列的思想和感情交织在一起：悲伤、愤怒、喜悦，就构成了身体对于接收到的外界信息的解读。

然而，如果我们透过物理学家或神经学家的眼睛看世界，就会看到另外一幅图像。例如坐在沙发上，感觉是坐在一个实物上，但其实是坐在一群高速运转的原子所处的空间上，我们所理解的实物并不是绝对存在的。

但即使我们知道这个事实，也不容易看清真相。如果我们坚信“现实”是虚无的，思想是强大的（或许需要冥想、催眠或迷幻药物的帮助），就会发现：现实只是运动中的能量。当我们有意识地打破障碍，深入去认识一件事后，就会发现身体中的其他部分开始发挥作用，让我们越来越接近那些“细微体验”。只有学会看透那些“现实体验”，才能与自己最珍贵的核心本质保持亲密的联系。

虽然很难描述这种“细观体验”，但它们确实是在循序渐进地发挥作用，就像下面这个例子中所体现的那样。

运用不设防理论的实例：切丽尔和大卫

我们针对夫妻进行辅导的课程引入了一种特殊训练，即一方向另一方描述一件他或她认为平常难以启齿的事，听的一方需要表现出习惯性的反应。切丽尔和大卫在这个练习中看上去好像就要成功了，突然，大卫的声音从教室中尖锐地传了过来："够了，别说了。"（事后我们了解到，切丽尔特意选择了谈论大卫肆无忌惮花钱的事例，她每次一提到这个问题，大卫都会觉得自己是婚姻中的矛盾根源，故而表现出非常敌对的态度。）大卫伸出双手猛烈地挥动起来，意图停止辩论。我们看到切丽尔明显被吓到了，她一言不发地盯着自己的脚，手指不时做出一些紧张的小动作。

我们可以与任何一方先进行谈话，这次选择了先问问切丽尔的想法。她说："总会有一个念头在脑海中不停盘旋，我是不是有什么问题？我不够好，我不被人接受，他和我完了吗？没有人再爱我了。他不在乎我了。"

然后我们让她静下心来再仔细想想还能感觉到什么？她说不是很确定，感到焦虑、有些羞辱、生气。我们建议她做几次深呼吸，同时描述一下，焦虑、羞辱或者生气带来了怎样的身体感受。她停顿了一下说，感觉双腿在打战，胸口有些闷，甚至有种窒息的感觉。

我们建议她不要和身体的反应抵抗，允许这些感觉慢慢浮现，停止思考，不要企图用思维阻止。让这些情绪感觉融入到感官系统，体验这些感觉慢慢充盈于身体的每一个角落，直到它们自然消散。几分钟后，重大的改变发生了。她发现胸口起伏变小了，然后说："我感觉有一股暖流正在上升，可以更轻松地呼吸了。"她意识到了自己体内能量的释放，说明已经从"现实体验"跨越到了"细微体验"。

随着体验进程的不断继续，切丽尔之前胸口感觉到的压迫感消失了，用她的话来说，逐渐体验到了一种"内在的光芒"。她微笑着说："我感觉自己就像一个光分子，闪闪发光。"她举起双手，快速摇动手指，就像一个孩子用肢体语言表现闪闪发光的东西那样。"它好像曙光一样。"此时的切丽尔脸泛红光，已经完全放松了。"无法用语言解释这种感觉。"她很难描述后来又体会到了什么感觉，只是摇着头微笑。但我们可以很明显地看到，切丽尔感觉到了平静，就像我见到婴儿多米尼克，或是在灵性大师面前的那种平静。切丽尔正全身心沉浸于这种氛围，内心什么也不缺乏。

原来当切丽尔体验到痛苦或迷惑时，习惯性的反应就是想要逃脱、合理化或反抗。她一直都在忽视自己的感觉，那么这样的感觉自然而然就转为“细微体验”不易察觉，直到触碰自己的本质时才体验到了毫无恐惧、羞辱和愤怒的感觉。

为什么切丽尔可以如此迅速并不费力气地获得“细微体验”？原因有很多。其中一个就是：身边都是专家给她营造了一个安全的氛围。假设问题所带来的压力不是特别严重，加上有足够的耐心和恒心，几乎任何人都能够接近本质。在接下来的几章中，会指导大家在不是很理想的环境下，如何一步一步地接近本质。

本质并不是虚无，它存在于“细微体验”之中，给人的感觉与任何一种生理感觉一样强烈。在日常生活中，注意力过于集中在表面，本质就会显得微不足道。这就好像在一个庞大的管弦乐队里，想听一个没有麦克风的独唱是那么困难；在我们的思想、感觉和知觉组成的嘈杂乐队声中，本质独唱者显得也是那么的无助。

* 学习感知我们的本质

想要听到独唱，即感知我们的本质，需要掌握两个方面的技能。首先，要学着平复我们的情绪、打开心扉、放松身体的紧张感，以减弱管弦乐队里的各种声音，然后让自己和独唱者的频率同步。在这两个方面做得越好，乐队的声音就会变得越小，最终变成衬托独唱者的背景音乐。

许多形式的冥想练习也告诉我们这种转化的方法，但没有明确指出这就是为了找到自己的本质。无论使用哪种方法，都需要慢下来、放松，并打开心扉。需要学会不过分地关注思想，不要抵制感觉，放松身体上的紧张感。

这种沉淀心灵的过程不需要太快。当你自己进行这一过程时，可以想象祈祷时的状态。想要找到这种感觉，请先停止思考，仔细倾听内心中那个微小、安静的声音。在听的过程中会发现思想、感觉和感知都慢慢褪去，仿佛变成了背景音乐。当你把注意力放在了比平常的感知层面更深的地方，就学会了如何进入“细微体验”领域。如果能经常找到这个领域，就说明你开始了解本质了。

感受本质"保护膜"的能量

在切丽尔和大卫的辅导结束时，我们问他们感觉如何。此时的切丽尔眼含泪水，说自己感到完全释怀了。"我很同情他，因为知道他在生气时有多痛苦。仿佛看到他身体里住着一个小男孩，想要让自己变得强大却又那么无助，而我当时却像他的母亲一样限制了他的自由。"

通过她的本质发现，切丽尔认识到了大卫发脾气背后的无助感。认识了本质后，伴侣即使再严苛也无法伤害到我们，因为我们会感受到情感的波动,那是对伴侣的同情。用切丽尔的话说："大卫第一次冲我发火时，我想要离开房间，然后说：'你不应该这样对我，我要离开。'但当我找到了更加平静而深层的自己后，便更愿意待在那里安抚他。"她又转向大卫说："第一次觉得我们可以一直保持心灵的沟通，即使是在你生气的时候，也不会伤害到我。"

在接下来的集体讨论中，大卫很惊讶切丽尔找到了自己的本质。"我很努力地控制自己的愤怒，但就是无法办到，我感到很无助。不过，刚才也开始跟随切丽尔的引导，试着控制自己的愤怒，开始思考我最初到底是为了什么在生气。切丽尔没有像之前那样对我发火，我心中的怒火也逐渐熄灭了。原来我爆发一次后，大概需要好几个小时甚至几天才能平复，但是现在，竟然只用了二十分钟！”

我们离自己的核心本质越近，就越具有爱、同情以及看透问题的能力，随之而来的亲密感和甜蜜感会渗透到意识当中，这样，就能以自由和宽容的态度对待别人，减轻因伴侣而产生的不良情绪反应。只要有一个人可以在不愉快的气氛中找到自己的本质，另一方的怒火也会减弱很多。就像食物不会粘在涂层上一样，在遇到真实的本质后，防卫反应也会失效。

当伴侣感到孤独寂寞、无人关心的时候，如果我们能保持与自己的本质相联系，就能给予他们关心、接受与爱。即使在伴侣狂怒不已时，我们也依然能够感到完全的平静。这是多么奇妙的一件事。为了获得这种淡然与爱的能力，我们必须重新审视本质到底是什么。

“原始本质”VS“本质自我”

首先需要了解一下“原始本质”与“本质自我”的区别才能获得亲密感。世界上许多的灵性文化的最高境界，通常就是能直接体验到自己的原始本质。我们每个人身上共有的、非个人的、无形态限制的、永恒的、不可改变的部分，通常被称为“绝对自我、人性之源、真实天性、原始之面”，也就是所有存在的本源。

我们的独特性就是“本质自我”。请先想象像黑丝绒一样平滑、布满繁星的夜空，然后想象摘掉所有的星星，原来的地方留下了一个个的洞，从后面射出一束束光芒。这种穿透一切的光芒就是我们的“原始本质”，因每个星星的形状不同而形成的不同光束就是“本质自我”。我们都有着相同的“原始本质”，即穿透一切的光芒，但每个人都有各自独特的表现方式。

每个人拥有的品质有所不同，但当我们阅读基督教或佛教教义时，发现所有人都能通过专业引导看到自己的本质。两种教义的大师都拥有完全开放的心胸，虽然他们所传达的重点略有不同。佛教强调绝对宁静，这种宁静来自完全开放且平静的思维，这种思维不依赖也不拒绝任何东西。而基督教强调最多的是爱，人们要向他人敞开心扉。

每个人都会表现出各自“原始本质”的独特特征。就像雪花一样，个体虽然不同但本质都是相同的，我们每个人都会通过自己独特的方式展现出“原始本质”，而这种不同通常就是两个人相互吸引、相爱的理由。著名现代舞大师玛莎·格雷厄姆曾经说过：“生命中有一种活力、一种精力、一种脉动，会通过行为表现出来，因为世界上只有一个你，所以这种表达形式也是独一无二的。如果你去阻止，它不能通过其他途径表达，就会慢慢地消逝，将无人看到它。”

如果抛弃那些我们是谁、不是谁、应该怎么样的想法，内心中剩下的核心部分就会慢慢出现，这是一种真实的存在，真实的自我。这就是我们的“本质自我”，就像孩子和灵性大师那样纯洁、没有限制，通过不设防的相处，会逐渐了解并与他人一起分享。有时候，“本质自我”中流露出的特殊感情表现为对某人的爱；另一些时候，表现为更广泛的对世间万物的大爱，这种大爱出自我们的本质根源。

探寻本质特征

首次尝试找寻自己的本质时，会发现内心交响乐队的声音非常大，而独唱者的声音几乎听不到。因为不知道本质中纯净的声音到底是什么样的，那样的话，我们当然不知道怎么能听到它？要去哪儿找？需要如何打开心扉？

就像我们可以感觉到风却不能看到或去储存它一样，我们也可以通过感受本质带来的影响或结果，即本质的特性来找到它。想象一下你正在和某人玩猜谜游戏，她的手掌中握着一个东西，你要猜这个东西是什么。她开始描述这个东西的属性，给你一些提示。每给出一个提示，你就猜一次。她给出的第一个提示是这个东西很硬,你可能会猜这是一块铁。当她说这个东西没有颜色，你可能会把答案变成冰块。她又说这个东西非常锋利，你可能会猜是一块玻璃。如果她继续说这个东西有好几个棱面，你可能又会想到棱镜。最后，她告诉你这个东西非常值钱，你就会把所有这些属性整合起来，并得出结论——钻石。

每一个描述单独出现时都不能定义钻石，但是整合起来就构成了对钻石的完整描述。我们能通过已知到达未知。本质也会通过一些熟悉的特征来表现。很多人都像切丽尔一样，当体验到本质时，语言也会显得黯然失色，不知如何描述。

* 本质的特征

本质的特征是无穷尽的，以下只是我们列出的一部分特征：

完美	价值	聪慧	自由
完整	真实	勇气	纯真
宁静	满足	确定	力量
慷慨	泰然	信念	存在
爱	明辨	信任	和平

独立　同情　喜悦　活力

实力　清晰　开放　感激

善良　宽广　生机　充实

忠诚　温柔　单纯　智慧

奉献　优雅　美丽　安静

我们每个人都能够表现所有这些本质，只是在不同的人身上通常会有一些最突出的、最明显的特征。想要学习找到自己独特本质的特征，就要先学着看看他人身上的本质特征。

例如，说说朋友伊丽莎白的一个本质特征，我们最先想到的可能是：她很乐观。

她的世界是彩色的，可以看到生活中的快乐，因为她总是会兴致勃勃地谈论看了哪篇好文章或去了哪个新餐厅。她说话很快，好像迫不及待地想要分享下一个喜悦。眼睛眨得很快，说明她对生活充满了热情，从不缺少表达自己的方法，即使是在安静的时候，身体也会微微颤动。在她身边的人也会变得精力充沛、活力四射。

我们继续更深入地总结伊丽莎白的其他特征，最后用一个词来表达她身上的特征，那就是喜悦。这就是伊丽莎白的本质特征，和每个人一样还有其他特征，但这一点是最明显的。

当你在练习找出其他人的主要特征时，要记住不能限制于脑海中最先出现的那几个词。让这个人的能量和感觉触碰你、感动你、影响你，直到你找到那个区别于其他人的独特之处。

我们用语言描述他人特征的过程好像品酒，先读一下酒的成分，再细细品味其中蕴含微小不同的味道。

练习：进入亲密感空间

通过练习来一步一步更准确地说出本质特征，就能增强与本质联系的能力。探索熟悉和已知事物之下的深层本质，这一过程本身就会让我们更加亲密，并且对自己或他人的关注还会产生启发与快乐。为了对亲密有更深入的了解，邀请一位朋友与你一起来做下面的练习。

如果你有计时器的话就更好了，整个过程不超过十分钟。开始时，请你的朋友大声说出他认为你所具有的独特特征，在听的时候要保持沉默。当朋友开始更深入地体验与分析时，有时候会让人感到开心，但有时候会让人感到非常生气，你会感到自己赤裸裸地暴露在他人面前。这种注意力完全集中在自己身上的状态，在日常生活中很难体会到。一个来访者在和她的丈夫做完这个练习后，说感觉自己就像是一朵玫瑰花苞，花瓣被慢慢地、轻轻地、充满爱意地剥离。但是另一位来访者的感觉却完全相反，他说自己“完全被剥光了”。

虽然言语还是无法表达本质到底是什么，但是这个说出本质特征的过程却能帮助和推动我们去理解。最终，这些描述形容词也要被抛弃。心灵导师甘伽吉说，应该把这些词语看作“火箭的助推器，在火箭升空后就要把助推器扔掉，否则它们会对之前产生的推力造成阻碍”。同理，可以用这些词语帮助你在自己和他人身上找到本质的感觉。这种感觉就是无以言表的亲密感。

体验本质

当我们与本质的自我相连时，感到背后有强大的力量在支撑，一下子拥有了无穷的能量，非常放松。我们不再觉得自己不够好，需要变得“更好”，不再为满足自己或他人的期待而活，有足够的空间和能力来解决生活与爱情中出现的紧张和困难。

大家或多或少都曾体验过自己的本质，我们可以通过回忆再次找到这种感觉，就像下面的这个练习一样。

* 感受本质：进行自我探寻的指导

在本章的开始，我们列举了一些可能会让你找到本质的时刻（例如恋爱、与自然接触等）。现在，再回顾一下这个列表，选择一个发生在你身上印象最深刻的时刻，回忆后写下来。例如，与心爱的宠物分别的时刻：你把它抱在怀中，轻声和它说再见。或者，路边的山丘上，马儿在夕阳下吃草，这样的景色让你难以抗拒，情不自禁就把车停在路边。又或者，你第一次见到喜欢的人，心脏跳到了嗓子眼，每一根神经都非常激动，双腿发软，仿佛不知道何时就会瘫倒在地。

在你回顾细节的同时回忆当时的感觉，让这些感觉渗透进意识当中，感觉越鲜活就越能深刻地体验本质。

在那个时刻，你对这个世界、对他人还有对自己的感觉有何不同？在表达这种体验时，要尽可能充分地表达,不要仅仅用一个词就够了,要让别人感同身受。

现在，把当时体验到的感觉再次带入你的生命中吧！这些就是真实的自我和本质。它们永远都存在，你所需要做的，仅仅是学习如何感知它们。

运用不设防理论的实例：莱斯莉

我们的来访者莱斯莉选择了用上面的方法回忆初恋练习。"我感到头晕目眩，第一次想要有归属感，希望和周围的一切融为一体。"然后莱斯莉就沉默了。我们让她继续："还感觉到了什么吗？"鼓励她让回忆淹没自己，充分体会当时的每一种感觉。在沉默了一段时间后，她继续说道："我感到对生活充满憧憬、活力与热情。生活是如此的美好，自我感觉也很好。我爱每一个人，每一个人也都爱我。我感觉神清气爽，同时很安全。”在场的每个人仿佛看到莱斯莉就是这些特征的代言人。之后，人们都说深受感动，感到与莱斯莉更加亲密了，因为人们可以从她那里找到与自己相同的本质特征。

当我们停止强迫行为（例如：过度思考、忧虑、忙碌或暴饮暴食）时，就更容易体验到本质的感觉。不设防理论并不会告诉你具体要做些什么，而是告诉你需要停止哪些经常做的事。打破自己的行为习惯后，意识就会更加清晰，开始认识到我们是真实的、开放的、充满爱的、有潜力的；我们是热情、慷慨、有活力、温柔、完整、充实、强壮、有勇气的等等。

用开放的、不设防的方式对待自己和他人，就会发现纯洁、完美、质朴、不会受伤的本质核心其实一直都存在。每个人的任务就是保持与其之间的联系。当我们把本质带到感情关系中去时，就会体验到所有亲密恋人的终极目标：“家”的感觉。在自我保护和自我辩解的外壳之下，我们本质核心相处的方式本来就是亲密的。这是一种自发的、不做作的、非情绪化的、不设防的、清醒的、充满活力的亲密。

Chapter 3

你认为你是谁?

怎样才能找回自己的本质呢？本质又是如何变得这么难以企及的呢？我们在生命初期，都体验过不能忍受的感情状态：被独自留下、父母本身有焦躁或抑郁的表现等。我们本能地就会在本质周围建造保护措施，然后就形成了性格。脆弱确实被保护了，但也隔离了亲密的能力。通过揭开并解除这些保护措施，就能找到更真实的自我，重新与恋人亲密相处。

性格的面具

想知道你的性格是什么样的？很简单，想一想你如何向他人描述自己。你可能会说，很有幽默感、很受欢迎、有些敏感、很好相处、非常独立。或者，你可能会说很理智、聪明、认真、努力等。我们可能会认为自己的描述非常准确，准确到了分毫不差。

然而，认定的“身份”却只是“性格”。“性格”一词在古希腊语中的解释是“面具”，“性格”是一种后天建立的个人形象，它隐藏了我们身体里软弱却能创造并感知亲密的部分。“性格”在生活中扮演了至关重要的“角色”，没有它，我们很可能无法生存。但是，只了解“性格”会造成极大的受限，我们有的不仅仅是“性格”。

深入研究性格后就会发现，在感情中遇到的许多挣扎都源于习惯用这种假想的身份去对待别人。“如果我们有勇气检查审视它，”西藏灵性大师索甲仁波切告诉我们，“这种身份完全就是一层层保护面具的叠加。”如果我们想与自己或伴侣拥有真诚的关系，就必须卸下性格的面具。在这个过程中，不需要完全放弃自己的性格，只需要学习让这个面具显得不那么厚重。

卸下自己的面具

我们需要极大的勇气和毅力去挑战这么多年以来形成的性格。麦克是来自美国南部的一位牧师，在北加利福尼亚州拥有众多教徒，他也来找我们进行了一次心理辅导。他说话的语气轻柔，带着有框眼镜，看上去更像一位哈佛毕业生，而不是一位穿着布道服在讲坛上传授福音的牧师。

麦克希望能对性格的面具了解得更深入一点。他说，虽然能在工作中感受到上帝的存在，但业余生活中总觉得有什么东西在妨碍他。“是否就是你们所说的性格？”我们告诉他，与其在理论上讨论这件事，不如花几分钟来真正探索一下什么是性格。他同意了。

我们请麦克这样做：“选三个词来描述你自己。”麦克拿出了自己惯有的态度，在沉思了几分钟后带着开朗的、友善的笑容，说：“我是一个慷慨、敏感、乐于助人的人。”

我们可以选择其中任意一个形容词来帮助他卸下自己的面具，最终我们选择了“慷慨”，让他对这一点进行更深入的描述。他说：“我能看到别人需要什么，在他们开口要求之前就予以帮助。我很乐意把自己所有的一切都与他人分享。这样做有时是出于同情，有时是因为经济资助也是工作的一部分。”

“当你的付出没有回报或不被感激时，你感觉如何？”这个问题让麦克用了更长的时间来思考。“我感到生气或气馁，”他终于开口了，“尤其是这样的事情发生在我妻子多萝西身上。”

“你的付出有没有掺杂一些其他的需求？”我们问。麦克又开始沉思，然后拽了拽自己的领子，他说自己在付出时感觉到有点热，有点不舒服。听到这句话我们很激动，因为重大的发现就隐藏在这里。很快，麦克就承认，在他付出和行善的背后，有一个不为人知的隐形因素——那就是渴望被爱。

我们相信麦克的本质中有一部分确实是慷慨的、爱他人的。扭曲的那部分来源于后天性格——即希望被看作是一个乐善好施的人，他想要宣传自己的这种形象。也就是说，利用自己的付出来获得别人的爱。这就是为什么我们把性格称作面具的原因。它隐藏了我们的真实想法，只想要满足自己的需求。麦克掩饰了自己的需求，看上去好像他什么都不需要。当需要多萝西把他看作一个无私的人时，他就无法用真实的本质对待她：他正在用尽各种方法让她把自己看作一个无私的人，这样他就会自我感觉良好，产生安全感。

了解了麦克保护自我形象背后的动机，就能帮助他从这种限制中解脱出来，让他不要太过于在意自己在他人眼里的形象，应该在自己的感情中表现得更加真实。下次当麦克付出的时候，又感受到了不被感激而心生愤怒时，就应该问问自己，这慷慨背后的动机是什么。或许他不知道如何满足自己的需求，又或者他把内心中的缺失感隐藏了起来，因为他总是更关注多萝西的反应而不是自己的感觉。通过揭开他的面具，让他的行为无愧于内心的慷慨本质。

我们可以看到，性格——在生命初期就开始形成，企图使我们免受感情痛苦、焦虑，或不安的困扰，然而它不仅麻木了我们的感觉，也阻碍了与他人形成真诚的关系。通过意识到它的存在、形成缘由、功能就可以逐渐剥掉这些保护层，认清自己并与他人建立亲密的关系。

性格的起源

关于性格的起源有许许多多的理论说法。一些理论认为性格源于基因，另一些认为源于因果报应或宿命；一些人认为性格源自后天形成，一些人认为是天生的。所有的这些都不重要，只需要知道一点，性格会影响我们以不防御的方式与人接触。

每个人在出生时都是完整且完美的个体，我们处在本质状态中，与所处的环境是融为一体的。著名心理学家、个人早期发展界的权威人士——玛格丽特·马勒认为：新生婴儿是处在“无区别”(undifferentiated)状态中，将自己和所处环境看作是一体的。

但是在某一时刻区别就开始产生，也许还在子宫中或幼儿早期就产生了，我们对于自己的本质和所处环境之间的无区别感开始受到侵蚀或破坏。这种分离感可能在出生前就会发生，例如在子宫中受到了物理或情感压力；母亲患有慢性抑郁症，或者吸烟、酗酒、吸毒。这种分离感也可能发生在出生后，母亲没有给我们足够的关心，或长时间与母亲分离。在婴儿阶段，可能来自于失去父母的爱或情感忽视。在随后的几个月或几年中，这种分离感可能随处可见：离开父母的保护而感到迷失，被一种巨大的不熟悉的声音吓到，或者父母情绪不稳定。

无论这种分离感是一蹴而就的，还是多年积累的结果，我们感觉到了自己与他人之间的距离，甚至与自己的内心也不那么融洽了。从前自己的本质和所处环境之间的一体性出现了巨大的裂缝，与环境脱节会让我们感到孤独而无助。然而，与内心的不协调会感觉更加空虚，因为我们无法充分体会到“自我本质”。

为了处理自己内心中的巨大空洞，为了解决痛苦和恐惧，我们会寻求外在的舒适环境，希望藉此来重塑完整的过去。于是，就会需要奶嘴、奶瓶、毛绒动物、小碎布玩具等来让自己开心。我们隐藏迷失带来的痛苦和迷惑，并企图模仿之前所处的完整状态。当长大后，我们又会通过暴饮暴食、拜金来让自己感觉到重要，或者把自己搞得很忙来填补内心的空虚。最后，这些补救措施会一层层累积，变成行为习惯，最终形成性格保护面具。

随着与自己的内心越来越远，我们会越来越关注外在，以至最终丢失本质，忘记了敞开心扉、天真率直和欢乐的感觉。我们不仅看不到自己是完整的个体，还会觉得与他人的距离越来越远。忘记了我们的本质其实丝毫未损，与生活从未分离。

我们应该认识到，早期的这种分离感并没有对错。一个人的"心理出生年龄"是由他的分离感所决定的。从这个意义上来看，性格的形成是一个长期发展的结果。但这只是一个开始，并不是结论。

防御性格 VS 透明性格

虽然这种分离感是不可避免的，但是，我们内心的反应程度却有大有小。一般情况下，慢性的、循序渐进的分离感会让我们更有韧性与毅力面对生活的挑战。也就是说，我们在与他人相处时更能运用到自己的本质,不会遇事不顺心就大发雷霆。同样的，在我们经历这种分离感的过程中，父母对我们的感情支持也会影响日后的性格——可能是严厉的、挑剔的防御性格，也有可能是有弹性的、透明的性格。

我们大多数人都有一些防御性的性格因素。防御性格的形式有很多，一些是可以轻易改变的，而另一些是根深蒂固的。与来访者接触的过程中，我们把这种防御比喻为中世纪的盔甲。这些防御阻碍了自己或他人看到、体验到盔甲下的本质。盔甲虽然起到了保护作用，同时也限制了人的行为，阻碍了与他人进行直接而亲密的交往。就像我们在日常生活中要负荷重达 90 磅的盔甲，维持这些状态会耗费我们很多的精力。

相反地，构建一种“透明”的性格却非常有益处。这种性格就像一层薄膜，能让本质的光芒投射出来，也让别人可以走进我们的心灵世界。就像弹性塑身衣一样更能够展现出完美的身体曲线，它不会限制我们的行动，更不会阻碍我们与他人之间的交往。

透明的性格不会造成太大的负担。简 · 克莱恩曾是一名法国医生和音乐理论家，后来成为了印度哲学静观大师。他在《简单生活》（*The Ease of Being*）一书中说道：“真正的性格是流动的、微妙的，会根据遇到的情况不同而做出最恰当的改变。”当我们拥有了透明性格后，对每件事就会充满好奇，不注重结果，会通过真正的本质与他人进行接触。不同于防御性格，透明性格允许我们内心中的力量、本质、延伸性和活力完全发挥出来。因为我们不畏惧与他人进行心与心的接触，所以不会刻意控制自己的行为，也就更容易体验到生活的快乐，并享受纯洁而没有粉饰的爱。

好消息是，不管在生活中形成的是哪种性格，我们都有机会把厚重笨拙的盔甲卸去，换上一身有弹性的贴身塑身衣。每个人都拥有这两种性格。为了把盔甲转化为透明的薄膜，要先理解在我们性格的形成过程中错过了什么，然后再学习如何重获它们。

寻求支持的需要

我们会形成防御性格还是透明性格，很大程度上取决于在幼年时期体验到分离时获得了多少支持。婴幼儿和少年时期我们不得不依赖外在环境（尤其是父母）来保持自己的本质。其中有三种支持对于形成透明性格是非常重要的：情感关注、肯定和映射。

* 情感关注

如果父母能够给予情感上的关注，我们在经历分离感的初期，就不会因为分离而把自己与他人割裂开来或是封闭自己。情感关注意味着不评论、不评判，只是听一听对方的想法，或静静地和对方待在一起。如果父母能够给空间和时间来聆听我们的感觉，而不是试图去改变、修正或控制，我们的情绪干扰就会慢慢消失，最终找到自己的本质。这时，父母的情感关注就是我们所需的外在支持，这种支持最好能持续到情绪困扰消失。

遗憾的是，大多数家长都不能容忍我们的痛苦带给他们的情感不适：他们对此不闻不问，只关注自己，或者为了让自己舒服一点而想要改变或控制我们。结果就是，我们不能继续保持与他人的亲密联系，同时又经历着情感上的波动。举个例子，如果我们在哭，而家长又不知道如何安慰，他们的心中就会有一种缺失感，进而表现出失望。为了不让他们有失望的感觉，我们可能就会学着否认或控制自己的真实感情。这样，我们为了与父母待在一起，必须与真正的自己脱离；相反，如果想要保持真正的自己，又会与父母脱离。无论是哪种情况，如果父母不能给予恰当的情感关注，我们就会形成错误的观念：在情感关系中不能完全表现出真实的自己。

*** 肯 定**

除了情感关心以外，还需要有人明确而肯定地告诉我们：这种不适应的感觉是会结束的。如果说情感关心是默默的支持，那么“肯定”就需要言语的表达和情感的传递。我们需要打开自己，告诉他人这种感觉不是什么坏事。小时候，每个人都以为发生在自己身上的事情会永远持续下去。如果父母能够以肯定的形式给予支持，我们就会知道失落与分离的不适感只是暂时的，一切都会过去。这个过程可能会让我们感到很痛苦，但是最终这种感觉会自然消退，这样我们就能学会：感情总会有波澜，没有任何一种痛苦是永远存在的。现在所经历的，不会永远主导我们的生活。

*** 映 射**

最后一种支持方式就是现代心理学所说的“映射”。婴儿微笑时，父母也要微笑；婴儿皱眉时，父母也要皱眉。通过这种方式，孩子的内在体验得到了肯定与承认。在子宫外也能得到这种安全感，这个孩子就能积累足够的情感和心理支持，足以应对外在和内在出现矛盾冲突时的痛苦。当分离感非常难熬时，“映射”就像一个桥梁，能够对这个孩子的存在表现出支持与肯定。

同时,“映射”也能够提醒我们自己的本质是什么。假如一个孩子说：“我很生气。”然后你表现出知道他很生气,那么,他至少知道你是关心他的。如果你说:“这么诚实地说出你的想法，你很勇敢。”那么，你就提醒了他本质是什么，让他知道现在的生气状态很快会过去，而不是证明他是个坏孩子或有缺陷的孩子。他就会把注意力放在自己的本质上，而不是沉溺在自己的心情或外在的环境中。

*** 外在支持的重要性**

学习容忍或克服挫折是我们个人成长中重要的一步，如果孩子能够获得足够的外在支持，他们就会学得更快，即使困难再大，这种感觉最终也会过去，仍然可以保持完整和本质的自己。以后，即使这种外在支持不在了，他们也有能力寻求内在的力量帮助自己度过感情上的难关。

因为父母自身也没有得到过外在支持（很少有人能够幸运获得这种支持），所以我们很容易被自己的失落感和分离感所淹没，无法让这些情绪自然消退，并在保持本质的同时开始建立自己的防御性格，想要控制这些感觉同时分散自己的注意力。作为成人，我们可能会“躯体化症状”，即制造身体伤痛，目的是为了转移对于情感伤痛的注意力。也可能“合理化”我们的感觉，认为只要能找出原因就能控制它。过度的忙碌同样也会阻碍我们接触到真实的自我。过分表达、压抑，或者完全不表达自己的任何感情，都是造成防御性格的原因。

外在的支持可以培养出强大的内在支持系统，形成健康的透明性格。我们对于发生在自己身上或与他人之间的事情，无论是转瞬即逝的感觉抑或是永远存在的本质都持有一种开放的态度，体验并表达所有的内在感觉。当拥有了完全透明的性格后，就能卸下防御并获得亲密的感情。

如果我们在年幼时没有得到外在支持，帮助我们形成一种适应性较强的自我支持性格（即在困境中也能记起自己的本质），那么就需要从现在开始学习给予自己支持。关键性的第一步，就是要认识“破碎身份认同”（cracked identity），并了解它是如何影响生活，影响我们与他人形成亲密关系的能力。

破碎身份认同的形成

充分的“映射”大概是我们所需的三种外部支持中最重要的一个，但也是最难获得的。为了更形象地理解“扭曲映射”或“部分映射”带给我们的影响，请想象一下：站在一个完整平滑的镜子前，你看到的是完整的自己；而站在一个有很多裂缝的镜子前，你看到的是扭曲的面孔。

当你看着这面残缺不全的镜子时，注意力会不知不觉放在那些裂痕上，并开始思考这些扭曲的画面和你平时看到的自己有何不同。然后，注意力又会集中在这些扭曲的镜像上——这些稀奇古怪的面具。久而久之，你不但不会回想之前所看到的真实自己，很可能还会就此迷失在这些扭曲画面中。你开始相信，自己就是这个样子的。

当你还是孩子的时候，你的母亲（或其他照顾你的人）就像镜子，你从她的身上获得肯定和承认，相信自己是个完美的人。通过母亲的“映射”，知道你是完整的、善良的、充满爱的；所经历的分离感最终会消散；在经历这一切情感上的苦难时，母亲会一直陪伴你、支持你。

但事实是，你有可能不但没有得到支持，反而看到了母亲的悲伤、辛苦、愤怒，或不耐烦。从这双悲观的眼睛中看到我们的镜像，会让我们认为：内心中所经历的感情是错误的，身上有一些特征是不可被接受的。你认定自己是母亲不满的源泉，最后得出结论：如果我们能变得更好，变得不同，母亲就会变得开心、高兴、支持、爱我们。

要了解这些“映射”对于性格形成的影响，请回想某一次你觉得母亲很不高兴的时刻。可能是你让她失望了；可能是她对自己的生活感到不满；可能是她内心空虚，有慢性抑郁症，或是在生气；可能是她觉得自己不成功、不特别、没人赞赏。如果你想不起母亲有过这样的时刻，那就参考家里流传下来的故事，例如：家里是否有过经济危机或父母太过操劳。如果你见过母亲大发雷霆，就可能会认为是因为自己不够好；如果她表现出受到了极大的打击，你可能会认为自己很没用。

许多人都会不自觉地承担起母亲的痛苦。觉得自己太过渺小，无法改变、修复或改善现状。觉得非常无助，没有能力肩负起这项职责，即使我们的纯金本质也无能为力。然后，就会潜移默化地认为，我们是"不足的"，在某些方面有缺陷，这种错误的自我定位就是"破碎身份认同"形成的基础。为了获得没有防御的亲密，就必须学会放弃这种认同。

* 破碎身份认同的例子

下面的清单列出了最常见的破碎身份，你可能会发现有一些就存在于自己身上。

◎ 我有很多不足：

我不被接受

我的需求太多

我不够好

我有缺陷

我是一个负担

我很无聊

◎ 我没有价值：

我毫无价值可言

我不值得被爱、被尊重

我没人爱

我不配拥有可以依靠的人

我没用

◎ 我没有归宿：

没人在乎我

我总是孤独一人

我总是会被抛弃／拒绝

没人想要我

没人欢迎我

◎ 我不完美、有瑕疵、接近崩溃：

我没有力量（没有防卫能力、很无助、很软弱）

我没能力（我做不了、我做得不够、我不能照顾自己）

我是个失败者（我会失败的）

我很蠢

我是“残次品”

◎ 我不好、我有错：

我就是个错误

我不好

我很邪恶

我有罪

我有错

我很贫乏

我们每个人都有一个破碎身份认同，在它的基础上构建起了自己的防御性格。如果不解决这种潜意识里认为自己不够好的想法，就好像脚趾头都流血了，还全然不自知地走着。我们总以为这个脚趾头之前是好的，直到某个人，往往是我们的伴侣，碰了它一下，或者更严重点，踩了它一脚，然后我们就爆发了。我们通常都不会先问问自己为什么会这么敏感。如果这个脚趾头之前是完好无损的，那么反应不应该这么大，可能只是会轻轻推开伴侣或请对方抬起脚。

*** 承认我们的破碎身份认同**

我们浪费了太多时间想要否认破碎身份，因为承认会引起痛苦让人难以承受。有谁愿意承认自己“不够好、没人爱”呢？但是，必须认清破碎自我认同，如果它们一直存在于潜意识中，就会控制我们的生活，包括我们与另一半的感情。

我们发现，很多来访者都不愿意承认自己的破碎自我。他们会说：“你让我感觉自己没人爱，被拒绝了。”言外之意别人才是罪魁祸首，而自己是受害者。他们解释说，自己不会在每段关系中都出现相同的问题，那就应该是对方身上的问题。如果存在于他们自己身上，那么不论和谁在一起，应该都能发现啊，可为什么事实并非如此？在夫妻治疗中经常会听到这样的对话：“我以前从来没有这样的感觉和行为，肯定是你的问题。你让我和以前不一样了。”这样的言论都证明，我们在拒绝接受自己的破碎自我认同。

因为这种破碎自我认同源自我们与父母的关系，

所以两人关系越亲密，时间相处越长，这种负面自我就会越容易出现。同理，朋友也不太会引起我们的过激反应，但伴侣却会，因为我们与伴侣的关系和与父母的关系一样，非常接近。两人交往越深，就越容易引起这种破碎自我认同的出现，但同时，这也为改变负面自我提供了良好的机会。

运用不设防理论的实例：马修

朋友马修的破碎自我认同就是：“没人在乎他。”当妻子劳拉和他的感觉不同时，他会觉得“没人在乎他”。比如，如果劳拉抱怨没有听她说话，他就会逃避，并指责是劳拉挑起了争端。他这样做的深层原因是一种不足感，这让他想起了过去一直被母亲“压制”的内心痛苦。他没有意识到这种过度敏感源于自己的破碎自我认同，对于劳拉的感觉或行为的反应也是不恰当的。如果他之前没有这种不足感，就像“流血的脚趾头”，就能够以开放的心态来听一听劳拉的想法，而不是把劳拉的不满当作印证——证明自己是有缺陷的，并得出结论：她不在乎他。

如果马修真的想改善与妻子的关系，就必须先治疗好自己流血的脚趾头，而不是想着保护或否认它。也就是说，下一次当感觉“没人在乎自己”时，应该先问一问自己为什么会这么敏感，而不是指责劳拉不爱他、不为他考虑、对他不忠诚。我们会在第六章“渴望与自我联系”和第十章“卸下防备”中详细探讨这个问题。

找出你的破碎自我认同

下面的“自我探寻指导”可以帮助你找出自己的破碎自我认同。通常一个人有一种最为明显的破碎自我认同，但你也有可能发现自己有多种，我们建议你一次只关注一个。

* 自我探寻指导

请回想一下，你对伴侣最大的抱怨是什么。例如，觉得伴侣总是责备你。然后请回想一下，当被指责时，你有何反应。或许你会感到害怕、受伤或受挫。当你试着了解自己反应背后的深层动机时，可能会发现有一种更脆弱的感觉，比如感到不确定、自我怀疑、愧疚，或者开始审视自己哪里做错了。因为，这种深层的感觉与很久以前形成的破碎自我认同非常接近，越清晰地意识到这一点，就越觉得缺点被暴露在众目睽睽之下。当被伴侣责备时，你会竭尽全力想要压制这种感觉，因为对方的责备更加引起了你对自己的怀疑。

在这种不确定和自我怀疑之下，可能埋藏着一种信念——如果你做错了什么，伴侣就会离开，或者会让自己受到羞辱、处罚、讽刺，这是小时候的经验告诉你的。现在，已经离破碎自我认同很近了。

你反应之下的信念，其实就是内心对于自己的恐惧。例如，可能会发现："当我害怕对方要离开时，我意识到最大的恐惧是没有足够的能力留住对方，或者无法处理他走后留下的失落感。"

这种"不能"的感觉就是破碎自我认同。一旦你找到了它，就可以开始解放自己，摆脱这种控制。

请按照以下具体步骤一步步进行：

1. 说出你对现在或之前伴侣的抱怨。

例如：你总是在拉大我们之间的距离。

2. 说出你的反应。

例如：我感到很生气、很受伤。

3. 说出在你的反应之下那种更脆弱的感觉。

例如：我感到很悲伤、很孤独。

4. 说出在这种脆弱的感觉之下的信念。

例如：在这种悲伤的感觉之下，我认为你不在乎我。

5. 找出你最大的恐惧。

例如：当我认为你不在乎我时，最大的恐惧是我怕自己不值得被爱。

6. 说出你的破碎自我认同。

例如：我不值得被爱。

请一定要按照步骤进行。你可能会发现第一次这样做时，可能还不太清楚负面自我形象是什么。这个身份通常都被隐藏得很深，不易被发现，而且这个过程可能会让你感到有些害怕。如果经常这样做，就有可能把这种破碎自我认同带入你的意识当中。下一次遇到感情危机时，你若试着抵制责备、防御、逃避的冲动，就会发现脆弱、受伤的潜意识被带到了意识当中。这时，不要像往常一样想要逃避那种不足的感觉，而是要让这些感觉自然浮现，想一想这些感觉之下的原因，并探寻你最深的恐惧是什么。

只要我们的负面自我形象还在潜意识当中，就会把感情中的痛苦、难过或不满归罪于对方的行为，而不是破碎自我认同的敏感反应。例如，我们要求伴侣从底部挤牙膏，但他却总是从中间挤。这时，若是在潜意识里认为“我不值得被尊重”，就会用这种行为支持我们的信念：“我没有得到尊重。”如果我们值得被尊重，那么伴侣就应该听从意见，从底部挤牙膏。于是我们不但没有意识到这是破碎自我认同在作怪，反而还谴责伴侣：“如果你真的尊重我，就照我说的去做。”

我们发现，所有感情中的问题都表明，我们习惯于把对方的反应或行为当作借口，来逃避自己内心中的不足感所带来的痛苦。如果对方不要求我们帮忙，就会认为自己很没用；如果对方没有对我们的性需求做出回应，就会认为自己没人喜欢；如果对方冲我们生气，就会认为自己天生是有缺陷的。所有的这些都源自负面自我。为了不让自己因自己的缺点而感到痛苦，我们就把注意力转移到了对方的行为上。

想要改变伴侣的行为，其实就是想要为自己的破碎自我认同创造一个环境，让它不会被发现或受到刺激。这听起来似乎不合逻辑，但我们确实宁愿受伤坚信自己是对的，也不愿面对并解决自己潜意识里的痛苦根源——破碎自我认同；宁愿指责伴侣“总是想按他们的方式行事”或“要求太多”，也不愿直面自己内心中被激起的不足感。

我的意思并不是说，不用去管那些对感情造成严重后果的行为。对于发生了什么事、谁的行为造成了什么影响的确应该予以重视，但如果我们能先把注意力放在被激起的破碎自我认同上，就更容易找到一种长久的解决方法，并推动两人的关系健康发展。

同情的作用

随着慢慢开始卸下负面自我的面具，我们可能会感觉受到了伤害，并害怕受到更多的伤害。我们还可能会憎恨自己，觉得自己很羞愧、很丑陋，因为我们一下子难以接受和消化这些新信息。

通常，我们会被这种感觉缠绕一段时间，想要保护自己、逃避、隐藏、防备、攻击，或者干脆去睡觉。如果想要用一种平和的方式继续审视自己，我们需要付出更多的努力来稳住自己，观察自己的本质，而不是意图改变它。

但是，人类是一种极为脆弱的生物，当我们发现事实与想法背道而驰或者造成了威胁时，下意识的反应就是赶快逃跑。对此我们该怎么办呢？其实，我们的心是非常愿意敞开的，但当经历痛苦时，我们的表现就好像受伤的动物一样——直觉就是封闭、逃离并保护自己。痛苦就是阻碍我们敞开心扉、卸下防备的最大障碍。

如果想要学会卸下防备，就必须近距离地接触我们的恐惧、痛苦以及自我憎恨。“你与你的痛苦、悲伤以及未愈合的伤口之间的距离，就是你与伴侣之间的距离。”作家史蒂芬和安德瑞·莱文如是说。我们不舒服的感觉就像一个指南针，它指出我们在哪里脱离了自己的本质，背离了自己的伴侣。

在第二章对本质的探寻中，我们列出了一系列本质的特征，其中，“同情”对于我们直面恐惧并看清真正的自己非常有帮助。同情会帮助我们勇于面对困难，并努力看清那个没有被扭曲的自己。同情的目的，简单来说，就是让我们在痛苦和恐惧面前也能保持一颗开放的心。它让我们容忍这些不舒服的感觉，让我们不会想要逃避或控制这些感觉；它让我们对此时刻保持敞开的心扉。

人类的心就是脆弱的源头，它需要在某种环境下才能敞开。这种环境不能像集中营一样，周围全是铁丝网。这种环境是温柔的、舒服的、善意的，在其中，我们会慢慢靠近苦痛，而不会激起防备。这种环境能让我们的心相信：如果敞开心扉，不会受到批评、评判或指责。没有这种信任作为基石，我们的心就不能真正打开——不管是对自己还是他人。

同情可以帮助我们建立一个安全的内在环境。对于“同情”这个词，不同的人有不同的解释——大多是温暖人心的。但是，这个词所蕴含的能量却是不可思议的。当你努力的时候，它能为你提供无尽的力量。当我们对于受伤的反应是善意的——即使这种伤害是令人羞愧、内疚、恐惧、憎恨、悲伤或生气的，我们的内心环境也会变得更加温柔。但是，同情并不是另一种情绪，一种与负面情绪相抗衡的正面情绪。它是一种态度，愿意与某些事相处却不妄加评论的态度。此外，这是一种真正的善：愿意承认我们真实的感情，而不是想要否认它，进而否认我们自己。

*** 培养同情**

培养同情的方法非常简单，但是要时刻想着做这件事却很难。举个例子，在上面的练习（发现你的破碎自我认同）中,发现你的负面自我形象是“不足感”。当你发现了真相后可能会感到羞愧、恐惧，或者自我厌恶。在这个关键的时刻，你应该进行下面的练习：当这些感觉浮现时，想象自己是一个三四岁的小孩。

如果这对你而言太难了，可以想象任意一个这般年纪的孩子。想象一下，这个孩子现在感受到与和你一样的感受，发现了自己“不足”的破碎自我认同。你会怎么做？你会怎么安慰并鼓励这个孩子？你可能会拥抱他，坐在旁边握住他的手说：一切都会好的，你还是个善良可爱的孩子。你自然而然给予这个孩子无穷的温柔、爱护和关心。你这么无私地、毫不费力地提供给这个孩子的同情，就是你在经历痛苦感情时应该给予自己的。当这样做时，你的内心环境就会变得越来越温柔。同情让我们能够碰触到自己的心灵，并知道我们与自己的心灵是不可分割的。不论何时，当感情刮起风暴时，同情都能使我们处于龙卷风的中央安全地带。它能渗透进我们的内在环境，融化所有阻挡我们看到自己本质的障碍物。它让我们能够进行更深入的自我探索，温柔而有效地卸下防备。所以，在探索中遇到了痛苦，如果能带入一些同情，我们就会更加爱护自己，而不会像以前那样对自己进行批评或攻击。当评判的迷雾散去后，我们就会看得更清。

巨大的面具：我们的补偿身份

为了弥补我们自己认定的缺点，又形成了另一层性格——补偿身份（Compensatory identity），来遮掩我们所认为的缺陷。

请观察下面的图画，你会发现防备性格有两层：补偿身份是

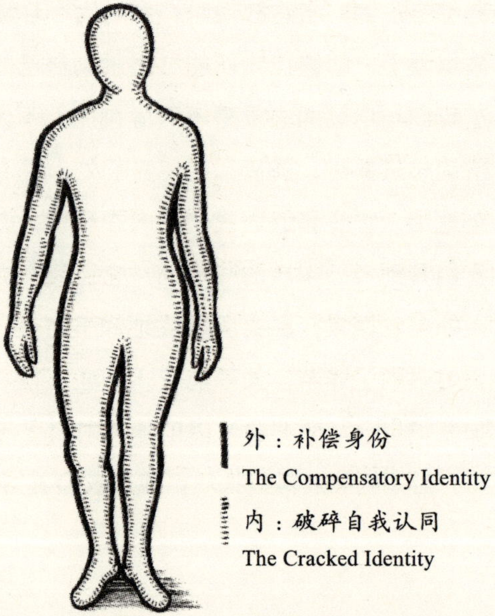

外层，也是我们展示给别人的那一层，破碎自我认同在里层，而“本质自我”则处于这两个保护层以下更深的地方。

要想更好地解释是为了弥补自身的不足感而创造了另一层防备，请想象一下，你的父母无法“映射”出你本质中的内在能力：或许是他们没发现，也或许是被你的这种能力吓着了。假设你是一个小女孩，他们认为女孩就应该乖巧、温顺、娴静，而不应该有主见、很强势。所以，每次当你想主导一件事时（例如运动），家长都会试图改变你，让你的行为变成社会可以接受的女孩应该做的事（例如，帮忙做家务，或者做一些协助工作）。无论是出于什么原因，如果父母无法映射、承认、鼓励你的内在能力，你就会认为自己是有缺陷的、没有用的，这就变成了你的破碎自我认同的一部分。

久而久之，这种怕别人羞辱你软弱的恐惧以及羞耻感，再加上相信自己没用而带来的痛苦，会变得越来越难以忍受。为了缓解这种痛苦，你又建立了一重身份，想要弥补你所认为的自我缺陷。为自己的缺失捏造了一个外壳，说服自己以及他人：我不需要任何人。你把自己的时间和精力都用来巩固这种强势的身份，以避免痛苦。于是，当你认为自己不足时，补偿身份就建立起来了。

运用不设防理论的实例：朱莉

朱莉，三十五岁出头，是个非常勤奋独立的女人。她人生中的大好时光都花在保护别人的权益上。她通常面部表情严肃，站姿直挺，从不允许自己哪怕一根头发有一丝凌乱。她对那些不认同她想法的人都颇有微词，私下里也鄙视自己的不完美和道德缺陷。

“我一生的大部分时间都花在让自己和他人去做对的事情上，”朱莉对我们说，“但是，自己都不能达到我所要求的标准，内心总是有一个声音在批评自己。无论我多么努力，总是不能达到完美。”她感到筋疲力尽，非常绝望，希望能找到一种方法接受最真实的自己。

朱莉已经跟随我们做过一些指导治疗，探寻了她所处的生活环境如何形成了她的破碎自我认同和补偿身份。她发现，父亲一直想要个儿子，但是母亲却生下了她这个女儿，这就是导致她一直“觉得不对”的根源。为了弥补自己不是男孩的“先天缺陷”，她让自己变成了一个追求完美的人，在学校成绩优秀，在工作中表现突出。她所做的一切都是为了弥补父亲未尽的心愿。朱莉竭尽全力想让自己相信，作为一个女人并不意味着先天不足。但是，她越是努力接受一切挑战，证明自己能做到最好，这种“错误”的感觉就越强烈。她总是坚持什么事“应该”怎么做，努力想让这个世界变得更美好，但这并没有缓解她刻板的性格，反而在感情生活中造成了很大的问题。当别人指出，做事不只有一种正确的方法，或者她认为的正确方法不一定对时，她就认为自己受到了批评。

我们建议朱莉，停止改变自己“先天不足”的想法，培养自己接受真实的自己。“这是不是意味着，我真的是先天不足，还是就此放弃自己、随遇而安呢？”她脸上反感的表情告诉我们：想让她去体验自己的破碎自我认同，对她造成了很大的伤害，同时使她产生了反抗情绪。她不想感受并希望快点除掉这种感觉。

通过周末的课程学习，朱莉渐渐意识到，她所有想要改变、调整、改善或控制破碎自我认同的努力都是白费：虽然她一直想变得完美，过上不受人责备的生活，但内心深处仍然觉得自己“不好”或“是个错误”。最后，当觉得自己已经没什么可失去的时候，她就放弃了维护自己道德上高人一等的形象，开始让这个形象崩塌。

此时，教室里所有的人都在全神贯注地观察朱莉：她坐在椅子上，睁着眼睛，但沉浸在自己的世界中；她的呼吸很浅，面无表情。我们可以发现，她的外在防备结构——对于完美的追求正在慢慢融化，因为她意识到在这个课程中所学到的东西与之前所期待的完全不同。随着课程的结束，她对完美的追求慢慢变成了一种无助感，破碎自我认同也随之开始浮出水面。

当朱莉内在的不足感开始出现时，我们指导她，不要认为体验自己的破碎自我认同就是承认先天不足。我们向她保证，这种感觉只是暂时的，随着这种感觉的延伸，会获得对自己更深的认识。我们又进一步鼓励朱莉，让她记住，即使是在最害怕最紧张的时刻，她在本质上也是优秀而完整的，会得到大家公正的评价。

同时，有这么多人与我们待在一起，想要帮助她看清自己的负面自我认知，朱莉因此能够获得一种外部情感支持，这有助于她发展出坚强的内心来面对心中的恐惧。同样地，如果我们愿意让别人看到自己的内在脆弱性，一方面是会增加自己的紧张感，但另一方面，却又给我们提供了足够的动力去探寻负面自我认知下的真实本质。

整个小组开始等待奇迹的出现。作为指导者，我们知道，剩下的事情就都靠朱莉自己了。她能够抛弃自己的补偿身份吗？即便只有几分钟也可以。通常情况下都是这样：我们的内心刚开始出现这个疑惑时，参与者就会突然变得生气或激动起来。

“我再也不想贬低自己、惩罚自己、认为自己毫无价值了，但是我无法停下来。”我们让她试着不要多想：“不要试图阻止这些感觉，要欢迎这些感觉。”此时，从外表来看，朱莉就像一个杯子，里面装着一些可怕的深色液体。之后，一些小组成员都说在那个时刻他们感到脊梁骨一阵冰凉。

“我很害怕，感到很孤独。我仿佛漂浮在一片黑暗之中，没有一个人来安慰我。这是一个恐怖的地方，我不想来这里。”她用双手托住自己的头，胸部开始起伏，仿佛喘不过气来，“我感觉我要窒息了”。然后，她捂着胃部，开始呻吟，说自己感到非常绝望。“我想挖个洞钻进去，承受不了。”她开始在椅子上前后摇晃。我们又提醒她不要试图抵制这种感觉。“让这种感觉流遍你的全身。”很快，她就平静了下来。

之后发生的事情从来都没让人失望过。当我们不再试图改变、调整、封闭，或转移对于破碎自我认同的注意力时，它们就会自然而然地消失、崩塌。这一过程可能会花费两分钟，也可能是几个小时。但最终总会发生一个质的转变。因为这个过程实际上就是在重演我们幼年时因为没有得到父母的支持，而导致破损身份形成的这一过程。这种巨大的难以承受的感觉看上去好像很真实，但它们却只是过去的情景重演，不会伤害到我们。就像朱莉所发现的那样，最终都会过去。

当朱莉与自己的恐惧和孤独感进行了不设防的连接后，本质就开始浮现：已经体验过了最恐惧的感觉，然后，一种更深、更广、更本质的自我就变得更加清晰。用她的话来说："我觉得自己变轻了，仿佛体内有一股春风，甚至感到有一些兴奋，原来想象中觉得很可怕的东西事实上也没什么。我感到自己变得更加平衡、更加充实。几乎无法想象我现在的感觉，虽然知道自己的外在没任何改变，但内心却已经接受了不完美，感觉没有必要再去试图改变自己或他人了。一切都很好。虽然仍然能听到内心中自我批评的声音，但它的威力没有那么大了。"

朱莉发现，在感觉"不对"的自我认知下，隐藏着丝毫未损、完完整整的本质自我。与自己内心的充实感时刻保持联系，就算偶尔感到自己不足的时候，也能给内心提供支持直到这种感觉慢慢褪去。

补偿身份VS本质特征

事实上，我们的补偿身份是在模仿现在的自己。我们不断证明自己是正确的，企图弥补一个信念：我们是错误的；让自己表现得很聪明，来弥补另一个信念：我们很愚蠢。我们想要弥补那些自认为缺乏的品质，用这些弥补的行为来伪装破碎自我认同。但其实我们什么也没有失去，只是失去了感知本质自我的能力，而这种本质其实一直都在。为了与这种永远存在却埋在深层的本质重建联系，我们必须学习承认并放弃这些模仿行为，放下这些伪装面具。

在我们与来访者接触时，很多人都会问，怎样才能区别补偿身份和真实的本质自我。例如，怎样才能知道我们是真正的满足（本质自我），还仅仅只是“随和”（补偿身份）？以下的列表可能会有所帮助：

本质特征	补偿身份
自主	独立
满足	随和
奉献	服从
明辨	有判断力

信念	信任
优雅	幸运
感恩	感激
喜悦	乐观
平和	冷静
有存在感	专注
真实	诚实
无条件的爱	附属的爱
价值	自尊
意志	愿望
智慧	知识

区分补偿身份和真正的自我，就像区分赝品和真金一样，随着经验的增长，你的技巧就更纯熟了。最开始时，进行区分最好的方法就是意识到：当我们是在弥补时，就会感到不安全，并开始防备。我们有一种内在的空虚感，很难容忍别人用不是我们期待的方式看待自己。我们有一种内在的空虚感，如果受到了挑战或者外部的压力，尤其是来自伴侣的压力，这种空虚感就会崩塌。比如，我们总是避免冲突，希望表现得很冷静，这就是我们的性格面具。当生活环境中出现冲突时，我们不是逃避就是爆发。和本质特征不同，“冷静”不但不会带来平静，反而会刺激

我们做出更激烈的反应。这种补偿身份是一种很脆弱的结构，因为它好比一个建造在巨大空洞上的网，就像一个垃圾填埋场，它肯定不稳固。

相反地，如果能够体验到真实的自我，我们就能感到充实、真实，且愿意接受别人的审视。面对别人的质疑与冲突，我们不会逃避，因为知道自己的内在支持是足够有力的。例如，如果与本质自我相连，当伴侣指责我们失控时，可能有两种反应。第一，愿意听听在伴侣眼中我们的行为是怎么样的，也许确实是自己没意识到问题的所在。我们的坦诚会体现在：有兴趣和意愿问问自己或伴侣，了解对方所指的问题。第二，一直与自己的本质相连，创造一种坦诚、互爱的环境。如果伴侣想要了解是什么导致了某些问题，我们不会感到生气或套上防护盔甲，也不会选择逃避。

* 常见的补偿身份

下方是一些常见的补偿身份。与前面相同，我们可能有不止一个破碎自我，所以也会有很多不同的补偿身份。不过，在我们的主要人际关系中，可能只有一两个是非常突出的。下面哪些让你觉得很熟悉呢？

愤怒者	运动员	坏孩子
看管人	控制者	外交家

情绪化女王／国王	随和的人	存在主义者
开心果	修理者	乖孩子
治疗者	无能者／体弱者	独立者
智者	审讯者	隐形人
不负责任者	万事通	烈士
注重成就者	和事佬	讨好者
完美主义者	理智者／分析家	反叛者／麻烦制造者
救世主	正义之士	狐狸精／泼妇
沉默者	学生	超级能手
老师	受害者	战士

为了找出你到底拥有哪种补偿身份，想想你怎样看待自己或者希望被看待成什么。你可能觉得自己聪明、敏感、会照顾人，可能希望给别人展现出理性、成功、有能力的一面。你怎样描述自己呢？你呈现给世界的形象是怎么样的？这些通常就是补偿身份。

了解你希望从伴侣那儿获得哪方面的关注或赞同，也可以帮助你找到补偿身份。你和伴侣在一起时，行为是怎样的？你为伴侣做饭吗（照顾者）？你经常提问吗（审讯者）？你想表现得很好吗（好孩子）？你是否过于注重成就与产出（成就者）？你保持沉默，选择逃避吗（沉默者）？你生气吗（反叛者／麻烦制造者或愤怒者）？当你为了获得伴侣的某种反应，而刻意或不经意地采取这些行为或方法时，就是在试图用自己的补偿身份获得支持。

把补偿身份误认为我们的本质特征，这虽然阻碍了体验本质自我，却也起到了一个很重要的作用——帮助缓解童年时期经历的痛苦，找到方向，看清在自己的行为与反应背后，我们到底是怎样的一个人。

停下来、看一看、听一听

为了简便易懂，我们这里主要研究了两层防备性格：破碎自我与补偿身份。但是，随着对自己的两层防备性格有了更清晰的认识，会发现每一层自我认知都包含了许多其他的情感保护层。我们的性格就好比云母，像石头一样的物质，由许多透明的矿物质层所组成。云母的形态初看就像一块硬石头，但仔细研究后，你就会发现它是由许多层物质组成的整体。当你意识到，并一层层卸下这些防备层，就会找到自己最原始的本质，我们就能在爱情关系中体验到独特的、深层次的感受与关爱。

每一种情感都能加强或削弱你的补偿身份。为了获得更多的亲密感，每当发现自己有了“我是正确的，你是错误的”这样的想法时，应该做三件事：停下来、看一看、听一听。

*** 停止你的习惯性反应**

停止或至少放慢你想要做出的反应。也就是说，如果你通常选择逃避，那么现在就不要躲；如果你通常关闭心扉，那么现在就保持开放；如果你习惯性压抑，那么请说出自己的想法；如果你想要攻击，那么请深呼吸，保持冷静。

*** 看一看你自己**

然后，看一看你自己而不是伴侣。审视你的反应，哪些思考方式让你无法卸下防备。这里有三个问题可以帮助你：

1. 在这次互动中，你的哪一种自我形象受到了挑战？（这是补偿身份。）

2. 你的哪一种自我形象被发现后，让你感到了羞耻、惭愧或尴尬？（这是破碎自我认同，或者说“流血的脚趾头”。）

3. 你认为自己需要哪种内在支持来容忍第二点中提到的自我形象？（这就是认为自己失去了的本质特征。）

* **用心听一听**

在你问自己以上三个问题时，要深入地倾听内心。试着穿越思想、感觉和感知的遮蔽，把你的心灵调到接近本质的“细微体验”上。如果你此时感到太迷惑，无法体验到本质，那么只需想一想：在你所经历的感情波澜之下，始终有一个完整的、未被打扰的部分存在。倾听你身体里那个没有被当下发生的事所打扰到的部分，会比你做出情绪反应的那部分要强大得多。

最后，回到现实中与伴侣进行沟通。此时的你少了些防备和自我保护，看看自己和对方的感受有何不同。你能够刺穿保护自己的盔甲吗？有时这个答案是肯定的；但是有时，情绪反应的力量可能更为强大。如果你暂时不能卸下防备，不要把这个当作惩罚自己的理由，对自己要充满耐心与同情心。

运用不设防理论的实例：杰夫和萨曼莎

这个过程中的每一步和每一个选择都有可能带来潜在的亲密感。我们的一个来访者杰夫，他向我们描述了在他“停下来、看一看、听一听”练习后所发生的变化。“我花了一美元给萨曼莎买了一个玩具桥模型，而她却说：‘你就不能省一点吗？’这句话在我听来是嘲讽，感到肾上腺素直冲脑门的感觉。是愤怒还是羞耻？她的指责伤害了我的感情，说话带刺。但是我突然停了下来。”在这个本应升级为唇枪舌剑的时刻，杰夫却把注意力转向了自己。

杰夫让萨曼莎听自己说话，希望在说完前不要被打断。他开始描述萨曼莎说话多么刻薄，并压抑住了自己的愤怒。他知道，她的话语对他的补偿身份——“好孩子”造成了威胁。他意识到，自己没有得到应有的感谢。杰夫抵制住了对萨曼莎发脾气的冲动，陷入到自己“很没用”的负面自我形象中去。当他意识到这只是他的破碎自我而不是真正的自己时，又觉得有一丝宽慰。为什么？因为在杰夫与本质进行联系的同时，意识到无论萨曼莎如何表现，他都能控制并处理自己的感觉。她的话语只是戳痛了流血的脚趾头，他应该先把这个伤口处理好。

当他毫无隐瞒地描述对萨曼莎的感觉，让自己体验而不是改变不舒服的感觉时，转变发生了。“我感到自己赤裸裸的，一丝不挂，不像从前那样让心逐渐变硬，将她锁在外面。我感到自己丢掉了保护壳，很脆弱，感到有些害怕。但同时也觉得自己更年轻、更有生机、也更加灵活了。然后我突然有了这个了不起的发现：萨曼莎每次发脾气或鄙视我时，都是我‘感到自己没用’的‘流血脚趾头’在从中作祟，因为潜意识里好像一直在等待着萨曼莎否定我。我从来没有想过，她可能只是在为其他什么事生气，而我却把这当成了自己的问题。”

这种“停下来、看一看、听一听”的意愿软化了我们的外在防备，有机会让真正的亲密出现。然后，我们就能体会到自己仿佛“像滚烫的岩浆流入冰冷的大海”那样。在几节课后杰夫向我们描述他的感觉：“我感觉自己在自由移动，可以任意变换身姿，平和而优雅。”我们越是经常清晰地意识到我们性格中的防备层，就会越远离它们，并且越能坦诚地面对他人。那些我们过去感到无能为力的事情，现在都能转化为通向内心完整和爱的入口。随着自我保护层渐渐融化，最后完全消失，我们就有了敏锐专注的洞察力——不仅能看清事物，还能够发现每个人、每件事之间都有的本质联系。这就是维持亲密的第一步。我们的未来不再是过去的重复，而是一种不受羁绊的体验，每一刻都是一个崭新的明天。

Chapter 4

踏上不设防的爱情旅程

正如我们已经看到的，我们接触自己本质的能力取决于是否能把自己从防备性格中释放出来。为此，我们已经采取了一些重要步骤，试着分辨什么是在生活中展示的身份，什么是本质的自我。然而，在我们找到并摒弃那些维持整个防备性格的“情感生存行为策略”之前，我们会发现，自己还是在不停地强化这些行为策略——也就是增加了更多的保护层。例如：每次寻求被认可时，就强化了“我不够好”的想法；每次不想被别人责备时，“我本来就是错的”这个念头就在深化。只有找到并停止这些行为策略，我们才能获得并维持所渴望的亲密关系。

我们如此习惯性地运用着这些情感生存行为策略，以至于意识不到它们阻碍了我们的亲密关系。按照一个来访者的说法：“每天早晨，甚至在我起床之前，我的情感生存策略已经刮过胡子，淋过浴了。”我们想要掌控自己的内在感受以及伴侣的回应，看起来似乎是天经地义的，因此几乎无法意识到，是这些情感生存策略掌控着我们与伴侣之间的相互关系。当我们身披铠甲般的保护层与对方沟通时，就像穿着十层棉衣去拥抱他们一样。彼此接触到的是外壳，深层接触却是无法企及的。

如果我们能剥离这些保护层，就能慢慢地使“关注重心”从外部性格转为内部本质。保持本我的能力越强，在情感关系中，就越不会情绪化，更能坦诚地爱对方。

以性格为中心的情感关系

事实上，每个人都是带着扭曲的自我认知进入一段感情关系的。迷失了本质的我们错误地认为，别人能够提供给我们天性缺失的某些东西，于是想要找寻“另一半”或者是“更好的一半”，来治愈和完善自己。我们不但没有去找寻自己完整而充实的本质（它就藏在内心里，且一直都在），还把大量的时间浪费在过去的事情上，努力获得在孩童时没得到的东西。

判断一段关系的价值标准，取决于对方帮助我们弥补内心缺失感和不足感的程度。例如，还是孩子的时候，没有体会到父母在感情上给予的关爱，成年后我们就可能要求伴侣必须满腔热情地回应，想得到以前没得到或不可能得到的东西。或者，完全放弃为自己争取想要的东西，把我们的心保护得严严实实，即使是最重要的人也不会给我们带来任何影响。

相反，我们也可能会利用成年后的感情关系去拒绝儿童时期不想要的东西。例如，如果我们小时候觉得父母的批评和言辞太过激烈，成年后也许会试图矫正这种经历，要求伴侣让我们感到被接受、有安全感、值得被爱。甚至一个很久以前的批评都会对我们造成巨大的伤害或精神上的被虐感，虽然这和现在的反应以及所处的环境其实没有很大的关系，因为我们还没有从孩童时期的失落中恢复过来，依然认为自己很不好，很不足。我们不仅没有意识到这只是破碎自我认同，反而要求伴侣不能批评、评判和指责，以便让我们远离心中的羞愧或愤怒。我们会要求对方扮演一个完美的家长，只要有一点没做好，就会刺激我们潜在的负面形象，引起强烈的情绪反应。

我们已经注意到，关注和认可能够带来积极的感受，让破碎自我安全地隐藏起来。无论何时，一旦被认可、被接受，自我感觉就会变得很好。然而，当我们被忽视或不被理解时，可能就会完全垮掉。我们想尽量避免因反对和失落带来的消极感受，因为它迫使我们必须直面破碎自我。当我们只追求积极感受，回避消极感受时，就是在试图控制别人对我们的看法。

其实，一段感情关系是一个很好的机会，可以治愈我们孩童时代所产生的破碎自我。在完全治愈前，可能会一直受控于这种错误的自我认知，在想要避免受到伤痛的过程中，伴侣也会成为受害人。

我们的固有观念

因为感觉与自己的完整本质分离了，所以我们疯狂地搜寻身外之物，来填补内在巨大的情感空虚。在一周的时间里，我们就可能制造出无休止的需求和渴望，来填补这种空虚或是转移自己的注意力。我们可能会想要得到别人的尊重、关注、情感支持、认可，或是被认真对待内心的空白。

我们大多数的要求都无法被满足，然后便慢慢淡忘了。但其中一些会一直萦绕在心间，一周又一周，一年又一年，之后就变成了我们防备性格中的固有观念。觉得必须得到自己想要的东西，越得不到就越觉得绝望。但是，只关注固有观念，会让人变得盲目。过分注重从伴侣那里获取更多的回应时，就看不到，也无法接触到伴侣的原始本质。

运用不设防理论的实例：约书亚和伊娃

正如许多的补偿身份一样，这些固有观念大部分也都存在于潜意识中。如果它们一直存在于潜意识中，生活也建造在这些固有观念之上，那么结局将会非常悲惨。约书亚和伊娃在芝加哥大学相识，结婚，然后搬到了亚利桑那州，在那儿经营一家非常成功的咨询公司，并拥有了一个完美的家庭。他们过去觉得“大多数时候都非常亲近且亲密”。但是，在他们的关系中有一个潜在的雷区：约书亚“没人爱”的破碎自我让他总是需要感受到被爱。

约书亚总是指责伊娃不够爱他。当伊娃承诺自己爱他时，约书亚才会满意，但这也只是暂时的。“每天，都必须告诉他我爱他。”伊娃告诉我们，“刚开始，我觉得这不是什么问题。”伊娃说约书亚的母亲很早就去世了，所以才会有这样非同一般的不安全感，但她相信自己可以用持续的爱帮助对方走出来。

然而，约书亚永无止境的要求开始让伊娃“觉得够了”，她承认道：“他总是需要确认感情对我来说是个很大的负担。

有时候他会一脸委屈地站在我面前，说我不爱他，有时候还怀疑我有可能出轨。每次他都说我怎么怎么不爱他，如果你每天都听到这些话，甚至自己也会信以为真。我开始思考他说得是不是对的，或许我真的不爱他。”

后来，约书亚和伊娃分居了，没多久，他们就离婚了。十一年之后，他们双方都没有再婚。当然，伊娃的破碎自我（我无能为力，而她的补偿身份是：我能够治愈约书亚的伤痛）也造成了他们之间的问题。这个故事表明，当我们把补偿身份带入到感情关系中后，会发生这样的结果：伴侣既是给予肯定的源泉，又是潜在的威胁。

就拿约书亚来说，如果“值得被爱”的本质不能在家庭中得到支持或映射，他就可能一生都在寻找值得被爱的证据。同理，如果我们“正直”的本质不能得到支持或映射，我们就可能总是希望别人眼中的自己是正确的、无可指责的。如果我们总觉得自己不够有智慧，就会想要寻找一段感情，让自己感到聪明、有创意。性格中的固有观念束缚了我们的思想、体验及行动，生活目的只剩下完成这些永无止境的限制公式。如果以这种方式生活，那么，无论对方如何让我们感到被爱，觉得自己正直且聪慧，都无法享受眼前的美好时光。

我们坚决想要避免体验儿时所经历过的感情创伤，所以会把自己柔软的心藏得很深，当然就不可能体验到真正的亲密。我们不能够与他人建立无障碍的沟通，是因为我们给自己配备了复杂的防备系统，阻碍了心与心的直接接触。

发现我们的固有观念

对于从“以性格为中心”到“以本质为中心”的转化，发现固有观念的能力是非常重要的。下面的练习将会帮助你确认自己的固有观念。这是非常关键的第一步，可以帮助我们了解感情生存策略如何制约了自己爱对方和坦诚的能力。

* 自我询问

在一张纸上，写下需要伴侣提供给你的东西，希望对方以怎样的方式反馈？如果你现在没有处于恋爱关系中，就想一想在每段恋情中你总是想问伴侣要什么，是不是每次都这样？

有一些人可能会写出一长串清单，另一些人可能觉得这个题目太大了，不知道从何下手。还有一些人觉得写下自己的需求感觉很不舒服，因为过去这些需求从没有得到过满足，又或者他从来都不允许自己有需求。如果你发现很难找到语言来表达，就需要先停下来，找一找造成这种阻碍的原因。

想一想你对伴侣最大的抱怨是什么，每一个抱怨的背后都隐藏着一个未完成的需求。并不是说你的抱怨不对，这里只是为了找出需求，而不是评判是否正确。例如，如果抱怨伴侣让你感觉自己不是那么重要，那么你的固有观念就是：我是重要的；如果抱怨伴侣总是拒绝你，你的固有观念就是：我是受欢迎的，是被需要的；如果抱怨伴侣在发生冲突时会走开，你的固有观念就是：感情上要对我不离不弃。

当你在思考需要什么、想要什么时，脑海中可能很容易会浮现出不想要什么。防备性格的功能之一就是拒绝。当注意力放在不想要什么上时，就将自己困在了防备性格之中。所以一定要用正面的语言描述，就像下面所写的那样。下面就是我们的来访者在感情关系中最常见的一些需求。

* 感情关系中的常见需求/固有观念

◎ 爱、支持、接纳、爱护：

我需要知道你接受我

我需要信任你并被信任

我需要感觉到你的支持

我需要照顾你并被你照顾

我需要感到被爱

我需要让别人来满足我的需求

我需要知道我能相信并依靠你

◎ 中心性：

我需要变成你的第一位，变成你生命中最重要的人

我需要你在乎我

◎ 肯定和认可：

我需要你的认可

我需要被尊重、被支持

我需要被人倾听

我需要被人关注

我需要被人理解

我需要在别人的眼中是完美的

◎ 归属感：

我需要知道我是属于这里的

我需要感觉到你欢迎我

我需要感到被需要、被渴望

我需要感觉到我很特别

◎ 独立性：

我需要解放，知道我是谁

我需要你自己照顾自己

◎ 其他：

我需要知道你会有所回报

我需要一种让我感到舒服的关系

我需要和你在一起时有安全感

如果你列出的固有观念超过了三个，看看是否有哪些可以归为一类，然后选出三个你觉得最重要的。那些如果无法得到满足，就会有一直期待下去的需求。想一想你将多少生命的精力花在满足这些需求上，它们又是如何影响了你与他人之间的关系。

虽然你可能很难在情感上解决这些固有观念，但是，找到并经常感受它们却可能带来革命性的改变。在这个过程中逐渐发现、了解自己的固有观念会帮助我们获得必要的知识、洞察力和敏感性，对自己及他人有一个更清晰的认识，能够看到这些固有观念是如何影响行为和爱的能力的。越清晰地看到并远离它们，就越能走出被控制的范围。这样，我们就会慢慢对自己的感情关系有一种不带偏见和控制欲的认识，把自己解放出来，从而得以体验更深层次的亲密。

情感生存策略

为了满足我们的固有观念和需求，补偿身份发展出了一些行为策略，以便让我们在情感上好过些，并得到想要的东西。矛盾的是，这些行为策略又会反过来强化我们尽力想避免的东西。比如，我们的固有观念是认为自己是“正确的”，情感生存策略就是找出我们身上不正确的地方并予以改正。如果一直想要感觉“正确”“很好”“完整”，最后的结果就是不停地看到自己错了、完了、不对了。

行为策略很可能是找寻那些和我们价值观不同的人或事，这样就有机会改造它们。如果能成功地改造每一个人、每一件事，我们就会体验到自己是“正确”的。但是，为了体验到正确，我们就得一直处于“不正确”之中以便纠正。所以，我们“正确”的需求就一直不能被满足。

同样，如果我们的需求是知道自己一直是“特殊”的（这种需求一定是建立在“我不够特殊”的信念上），那么，我们无意识的感情策略就是找一个人，和他在一起时我们会感到自己很特殊。参与各种让我们显得独特、与众不同的事情，并通过各种途径体现这一点：着装、谈吐、创意想法等等，只要是任何看起来和别人不一样的。但是这些行为最后却更加深了我们内心中隐藏的恐惧：我不够特殊。如果不是这样的话，为什么要费尽周折证明自己的特殊呢？

还有一种可能，我们可能会无意识地爱上一个不能够坦诚的人，并竭尽所能想要赢得他的爱和关注。认为我们只要有所不同就会被注意到，被选择，以为这样就能证明自己的特殊性。每一次暂时的成功都会带来短暂的特殊感，但选择一个不能坦诚的人最终结果就是：发现自己“不值得被爱”。固有观念为了满足它们的行为策略，最终反而会加强这种错误思维。

如果被自己的固有观念控制，就等于放弃了想要连接本质和进入他人内心的愿望。如果只是关注想得到些什么，就不能与伴侣自由亲密地相处。俗话说得好，如果不能意识到被囚禁，就永远无法离开监狱。为了解放自己得到亲密的爱，就必须意识到自认为的需求和满足的方式。事实上对自己的错误观念，就好比监狱的栏杆（固有观念和行为策略），看得越清楚，就越能接近本质。

认识并超越习惯性行为

虽然人们为了满足自己的固有观念而采取不同的情感策略，但有几类是基本相同的。看到别人和自己有相同的固有观念、应对行为策略对我们很有帮助：首先，比起自己的问题，人们更容易看清别人的；其次，我们更倾向于从自己的行为，而不是从本质角度来认识问题；第三，越是认识到自己的行为会限制自己具有亲密的能力，就越容易帮助我们摆脱束缚。

关于行为策略的分类方法有很多，比如弗洛伊德、九型人格、荣格学说、星座学、命理学、神秘学及其他传统学说都有涉足这一领域。本章的“固有观念和行为策略表”理论基础就是九型人格——一种心理与精神相结合的体系，能够帮助我们认识到这些表面行为策略，并克服防备性格。我们也将这些方法运用于来访者情感关系辅导。

请先用自己的语言试着概括固有观念和行为策略，后面这个表格会印证你的观点，而不是仅仅从外部资源中对号入座。回想一下你的感情关系，找到三个需求，仔细读一读，并有意识地注意自己在接收到这些时的内心感受。想想是如何把这些需求传达给伴侣的，想要满足这些需求时，你的表现行为是直接的还是间接的？你想得到什么样的感觉（比如:感觉很好、安全、安宁）？你想逃避什么感觉（像替罪羊、不能接受、无助）？记录下当你想满足自己需求时常用的方法。

现在，请看一下后面的表格。第一列列出了九种常用的情感生存策略和想要的结果，以及对应的固有观念。前面已经提到，我们的补偿身份总是想维持这种伪装，回避令人难以容忍的不足感和不完美感。

最后一列就是每种性格行为策略背后的本质特征。生命中最大的讽刺之一就是，我们要找寻本身就拥有的东西。了解行为策略和固有观念就是带领我们走向本质。

* 诚实地找出你的固有观念和行为策略

看完这九种行为策略后，你可能会感到其中一两条很熟悉。看一下与之相对应的固有观念，你对这些观念了解得越深，当它们出现在感情冲突中时，就越容易认识到它们起的作用。然后，研究一下它们背后的本质特征。这会提醒你，你本身就是完整的，现在做这个练习的目的，就是为了唤醒你体内的本质。

诚实地审视你的行为策略，不要有任何羞耻感或责备感，这样会让你更靠近爱和存在的根基。我们可能没有意识到，平常使用感情生存策略的目的，就是为了从伴侣那里获得爱与关心，而这正是我们与自己的内心脱离后的感觉。每当伴侣不能满足我们的需求，而我们又与自己的本质脱离时就会感到受伤、不值得被爱、认为自己不好。我们不但没有继续感知自己的痛苦，揭下伪装的面具，反而把注意力转移到伴侣身上，认为他们没有满足我们，他们这样做是不对的。

最后我们就发现，这些感情生存策略变成了我们的“惯用伎俩”。也就是说,会一直用这样的方式生活。即使是有很大压力时这个策略没有效果，我们也不愿更改或调整。

固有观念和行为策略表
Personality Preoccupations and Strategies

情感生存策略	固有观念 补偿身份 (认为自己是怎么样的)	固有观念 破碎自我认同 (想要逃避的感觉)	隐藏的本质特征
1. 我做任何事都循规蹈矩，力求完美。我总是在纠正自己和他人的错误，想让一切都变得正确。	正确/做正确的事 循规蹈矩 力求完美	不完美/有瑕疵 不正确 不受欢迎 自己就像个错误	完美 完整 和平
2. 我照顾他人，满足他人的需求，取悦他人。	被渴望/被爱慕 被需要 慷慨 有爱	不被渴望 需要别人 不值得 不被爱	慷慨 爱 独立 力量
3. 我工作努力，获得成就，成为别人要求的人。	优秀的 成功 有能力 有效率 诚信	差劲的 失败者 不足 没效率 欺骗	很好 有价值 真实
4. 我拒绝接受现状，关注于觉得自己缺失的东西，生活在幻想中。	独特/特别 开放/坦诚 有同情心 善于表达感情	普通 不值得 不足 冷漠/没有同情心 负担	满足 泰然 明辨 同情 美丽

情感生存策略	固有观念 补偿身份 (认为自己是怎么样的)	固有观念 破碎自我认同 (想要逃避的感觉)	隐藏的本质特征
5. 我控制自己与他人相处的时间，用旁观者的姿态生活。	宽广的 清楚 客观 聪慧	不堪重负 知识不够 无力 无法掌控	清晰 宽广 智慧
6. 我觉得这个世界很危险，所以要保持警惕，便于自己尽早发现端倪。	安全 信任 肯定	无助 没有防备的能力 矛盾	勇气 肯定 信念
7. 我通过群体活动来分散自己的注意力，对任何意见都保持开放的态度。	充满活力 好奇 开心 热情 拥有多种选择	无聊 毫无兴趣 感情痛苦 压抑 没有归属感	悦 开放 活力
8. 我想努力营造一个公平正义的世界。	不责备 自由 井井有条 单纯	像替罪羊 被他人控制 错误 无助	自由 纯洁 力量
9. 我试图通过冥想、避免冲突、变成隐形人让这个世界变得更和平。	存在 活力 和谐 平静	我不在乎死亡 无情 冲突 被无视	存在 和平 活力

运用不设防理论的实例：艾瑞克和金

在艾瑞克和金来找我们进行辅导之前，已经对九型人格有所了解，并认识到了自己的习惯性行为策略，但是不知道怎样才能找出并克服这些行为的根源。他们希望能够通过这次辅导找到问题所在，缓解婚姻中出现的僵局。

对于金来说，感情生存策略中的第二条看上去非常符合她。她承担了“照顾者”的角色，总是想要满足别人的需求。艾瑞克认为自己符合第三条，习惯性地“工作努力，获得成就，想要成为别人眼中的自己”。在最初的时候，他们的感情“很协调”，这一点也不奇怪。艾瑞克在事业上很成功，得到了金的崇拜。充当艾瑞克的照顾者，让金感到自己被需要，有一种充实感。

实际上，促使他们感情初期发展良好的原因就是，各自的感情生存策略里有相互补充的东西。他们的破碎自我认同都被隐藏得很好很安全，他们在对方身上体验到了让自己感到完整的特征。

艾瑞克是一个非常成功的律师，把自己描述为一个“杀手”，并认为这就是个“狗咬狗”的世界。他需要相信自己不仅是一个成功的律师，也是一个成功的丈夫。如果他感到自己失败了，那就不得不去面对自己内心中最深的恐惧——不足感。

艾瑞克越依赖金，金就越觉得自己安全，因为从他那里得到了肯定和表扬，证明了自己有多么“充满爱”，多么“慷慨”。在这个体系中，如果艾瑞克变得稍微独立一点，不再那么依赖金，金就会面对自己最深的恐惧——不被渴望、不值得被爱（她的破碎自我认同）。在这种情况下，金就陷入了两难的境地：她必须继续付出，即使所付出的并不是伴侣所渴望或需要的。

经过多年勉强拖延，艾瑞克终于勉强同意要孩子，说是因为“金太想要孩子了”。他的顾虑主要是有了孩子之后，需要对家庭付出更多的时间与关注，以及财务的承担。当第一个孩子出生后，他们不得不开始面对自己内心中最深的恐惧，并打破两人的自我保护体系。艾瑞克说：“我最怕的事情终于成真了。”

金的注意力完全转移到了孩子身上，因为孩子是满足她固有观念的最好工具，通过照顾孩子更容易获得被需要的感觉。除此以外，在生活中她第一次开始需要艾瑞克付出更多的感情。金的注意力转移到了孩子身上，这对艾瑞克而言就像是一种失去，而且她的要求和抱怨听起来就像是谴责。“听到的都是说我很小气，不愿付出自己的感情，不够爱我们的孩子，也不为这个家尽自己的义务。”艾瑞克“不足”的破碎自我认同开始出现，“当然让我感到自己很失败”。

他把自己淹没在工作中，在那里可以继续感到自己是个自信的、有能力的人。就这样，艾瑞克对金的感情越来越少，金开始觉得自己被遗弃、不被爱、不被需要了。她试图用以前的策略留住艾瑞克的关注：表扬他、做他喜欢吃的菜、把屋子打扫得干干净净。但是心中却累积了越来越多的怨恨，觉得无论自己多努力，艾瑞克都离她越来越远。当他们报名来参加辅导时，已经感觉几乎“走到头”了，双方都觉得没有被对方理解和认可。

通过探索他们各自的感情生存策略，艾瑞克和金开始了解自己的破碎自我认同是如何影响了对彼此的看法和关系。他们至少在自己的个人成长上找到了方向，也觉得这段婚姻或许还有希望。在最后一节课上，金告诉大家：“我意识到了哪些是可以控制的事，哪些是我不能控制的事。我能控制的是，认清是‘被需要’阻碍了爱和被爱的方式。不能控制的是，不知道艾瑞克是否愿意继续和我一起走下去，共同解决这些问题。”

艾瑞克也有了自己的认识："我终于知道为什么总是这么拼命。拼命的源头是我认为自己‘不足’的恐惧。我必须找到方法，改掉自己总是用成就让自己感觉良好的习惯，我要做真实的自己。”两人都意识到自己的习惯和反射性反应并不能代表真实的自我。当他们对彼此所处的两难境地感同身受以后，就不会再用各自防备性格中的绝望和拒绝来对待对方。如果不去强调自己的错误行为策略，而是用同情心穿透这些看到背后的完整本质，那么，他们也许可以创造一种全新的关系，从而走向真正的亲密。

改变我们的关注重心

走向亲密接触的第一步，就是认识感情生存策略并超越它们。如果我们看清自己的行为是为了隐藏并保护内心中受伤的部分，就能跳出这个怪圈（追求一直自认为需要的东西，最后却还是失望）。只有当我们敢于面对真实的自己和伴侣，并打破习惯性行为，才能坚定地踏上通往不设防爱情的旅途。

随着我们越来越清晰地认识到，是自己的感情生存策略阻碍了不设防地相爱，关注重心就会从外在性格移至内心本质。你会发现当我们心怀戒备时，感情关系就容易变得敌对和冲突，充满着不信任与恐惧。如果我们敞开心扉就会时刻感觉充满着新鲜、爱与创意，感情也变得充满朝气。这一过程将会引领我们重新找回人类与生俱来的不设防的心，并且让自己确信：我们本身就具有爱的能力，本身就是一个完整的个体。

Chapter 5

渴望融入另一半

至此，我们已经了解了什么是防备性格和不设防的心，以及想要提高亲密度就需要把重点从伴侣身上转到自己身上。现在我们将要探索，在学习不设防的过程中有哪些不同的感情阶段。

我们大多数人都会通过“感情距离”来衡量感情是否健康，并通过对方满足我们需求的程度来衡量这种“感情距离”。也就是说，如果伴侣满足了我们的需求，就感到距离很近、很亲密；如果对方没有满足我们的需求，就觉得距离很远、不被关心。如果想要回应那种亲近他人的本能渴望，获得完整健康的感情，我们就需要掌握不设防的技能。

我们日后就会慢慢发现，亲近并不是感情的最终目标——而只是一个发展阶段。事实上，在两人最终获得亲密之前，必须先穿越两层“亲近阶段”。第一层为“不健康依赖”，即我们把所有注意都放在对方身上，仿佛失去了自我。第二层是一种更为成熟、互相支持的“健康亲近”，也就是真正的亲密建立和维持的基础。通过探索健康与不健康的亲近方法，我们就能更容易地做出选择，最终获得不设防的完美结合。

什么是健康的亲近？

健康亲近的特点是：双方在大多数时候都表现出统一和谐，有一种“我们”的强烈感觉。两个人都时常在感情上关心对方，能够“并肩而行”，即两人能够独立做自己的事情，但是在大方向上保持一致。他们感到付出与所得之间非常平衡，并都致力于让感情保持一种公平的状态。他们能够在冲突中进行沟通与让步，并且在重大问题上保持一致。在成熟而健康的亲近关系中，双方都能获得基本的安全感。他们感觉自己有能力根据双方的需求和容忍度，来控制并协调沟通的深度和强度。

通常经历过这种关系的情侣或夫妻会这样描述：“我们相处得很好。”“我们在一起很协调。”“我们是最好的朋友。”“我们属于彼此。”这种典型的描述都表达了一种心理内在对家庭的归属感。

在成熟而健康的亲近关系中，我们有意愿并有能力来调整和满足双方的需求。亲近发展的最高阶段就是当我们为对方付出时不会觉得自己吃亏，也不会觉得为对方奉献了很多或失去了自我。

然而，当我们第一次走进一段感情关系时，成熟地渴求亲近的能力还尚未完全成型。因为我们把自己儿时未解决的依赖问题也带进了这段关系中，同时也带来了自己的破碎自我认同和与之相应的情感生存策略。所以，我们必须先解决儿时遗留的依赖问题，这也是亲近关系的一项工作。为了获得健康的亲近关系要先放弃想要依赖的冲动，并通过一些技巧，认清自己在潜意识中是如何延续这种不健康依赖习惯的。

如果我们的目标是在感情关系中营造一种彼此依靠的氛围，为了让双方重新恢复自己的完整性，那么这种关系就是健康的亲近，最终会引领我们走向更高的境界——不设防的亲密。相反，如果我们只是把相互依靠当作终极目标——希望用这段关系为自己提供安全感，使自己得到关爱照顾、被肯定的需求，那么这种关系就会变成不健康的亲近。

如果我们能有意识地认识到这些问题，就能够避免亲近带来的负面影响，走向更高层次的亲密。

不健康依赖——亲近的负面影响

如果我们认为，别人有责任满足我们的需求，那么，对于亲近的自然渴望就会变成不健康的依赖。我们已经知道，只是看到防备性格中的需求时，就会期望对方保护我们远离内心中的空虚和不足感：依靠对方的点头和肯定来弥补自己缺失的自尊；需要他们的表扬和认可来弥补不足感；需要他们对我们能力的赞美来弥补无力感；我们复制了他们的兴趣和想法，为已经丢失的自己戴上面具。可笑的是，我们为了让对方留在身边，心甘情愿抛弃了自己。

下面的陈述就是不健康依赖的典型体现。请注意，这些信息都有一个共同点：过于强调他人，忽视了自己的内心体验。

◎ 我想让自己变成你想要的那个人。

◎ 当我与你在一起时，就失去了自我。

◎ 当你对我满意时，我对自己也十分满意。

◎ 我有责任给你想要的一切。

◎ 你让我的生活有了意义。

◎ 你让我有安全感。

◎ 当你开心时，我也很开心。

◎ 让你高兴就是我唯一的渴望。

◎ 当你对我生气时我感觉很糟糕。

◎ 我需要你经常承诺爱我。

当我们陷入了不健康的依赖关系中，就会活在对方的阴影之下，表面上似乎是支持爱护对方，但事实上，这样做是因为无法了解、表达并维持自我。专注于对方，我们就会拒绝为自己的生活负责，害怕或不愿意去解决我们没有满足的需求和没有处理的感情伤痛。因为我们逃避生活的挑战和难题，忽视了培养自己内在的支持系统。这样，就把自己锁在了困境中，指望他人来满足自己的需求。我们不停地要求对方做一些事来缓解焦虑，减少不适感和紧张感。又或者，我们的幸福感和安全感完全依赖于为对方付出，并以此来获得赞美和肯定。

当我们没有得到想要的反馈时，欲望就会升级，想要强迫对方按照我们的意愿来给予肯定。于是，我们变得更加无助，把自己想象成受害者；控制欲变得越来越强烈，开始抱怨，有时候甚至会憎恨对方；让自己沉醉在食物、睡眠或其他一些活动中来麻木自己的痛苦，分散注意力。我们唯一的目的就是让对方满足我们自我保护的需求，当所有的行为策略都失败后，我们就会觉得自己孤独一人，又体验到了童年时的感觉——对自己的需求无能为力，不知道自己是谁，认为自己不值得别人来支持和鼓励。

跨越不健康的依赖，第一步就是要先意识到它们的存在。为了让你有更直观的了解，当你的伴侣有以下行为时，请思考你有什么感觉：

◎ 他不照顾你

◎ 他不以你期望的方式来回应

◎ 他直接或间接地拒绝给你想要的东西

◎ 他不回应你的话，或不理解你

◎ 他与你有分歧，否定、批评或不接受你的看法

◎ 他不感谢你

◎ 他没有给你回报

我们大多数人都会对这些感情挫折产生情绪反应。当我们“以他人为中心”，过分关注对方而忽略自己时，就会经常觉得自己受到了不公平的对待，感到很受伤，发现自己仿佛一下子又变成了过去那个受伤、失望、生气、怨恨的孩子。其实，这些情绪反应是在告诉我们，心中有破碎自我认同无法脱离这种不健康的依赖。然而，由于我们大多数人都不能与自己的内在本质进行很好的沟通联系，会忽略并压抑这些内在信号。所以当我们的情绪反应引起了冲突时，不仅无法发现自身内在的问题，反而会把矛头指向对方，认为对方有责任满足我们的需求，让我们重新获得快乐。这样，我们不但没有拉近与对方的距离，反而使彼此更加遥远，直到其中一个“妥协”，重新恢复原本的状态。

* 感情关系中的不健康依赖

“以他人为中心”是我们与自己本质脱离的另一种表现形式。在感情关系中，这就表现为想要压制伴侣的情绪反应，从而不让自己有受到挑战的感觉。我们试图把周围的一切都控制在一小块舒适区内，限制任何有可能把我们或对方带离这个区域的行为。

虽然这看似是在为伴侣考虑，不想做让对方伤心的事或说一些伤心的话，但事实上，我们只是不想让对方的情绪反应伤害到自己。这产生了一种平静和谐的假象，我们隐藏了真实自我，只想要变成别人的附属品。但这样做会导致让步过多，最后失去自我，让自我肯定变得几乎遥不可及。

运用不设防理论的实例：乔安妮和西尔维娅

乔安妮是加利福尼亚州一家小镇医院的护士，她的补偿身份为“取悦者”。她通过取悦别人获得认同，竭尽所能避免受到批评和拒绝。在感情关系中她总是否定或忽略自己，不停满足对方的需求：顺从对方喜欢什么而让对方决定两人的关系；把房间打扫得干干净净；变成了素食主义者因为对方不吃肉；她从来没有挑战过对方的观点，总是不厌烦地倾听。在她取悦别人的性格之下，隐藏着对于自己“不足”的恐惧。

乔安妮和她的伴侣西尔维娅来到我们这里想要寻求帮助，她们发现有什么东西横在两人感情中，使彼此的距离越拉越大了。因为乔安妮觉得已经“濒临崩溃的边缘”，西尔维娅也知道可能不是乔安妮本身的“问题”，所以希望我们能够给予指导帮助，并很愿意探索冲突中自己所起的作用。在最初的会面中她们讲述了下面的故事：

“约好周五晚上一起度过美好周末，我也很期待。”乔安妮开始说。那天她已经拿起了大衣走出医院大门回家，突然被一个医生同事叫住要她完成一些病人汇报表。“我同意了，可是突然间被一种恐惧、崩溃和焦虑的感觉震慑住了。我知道同意留下来，就意味着要晚回家。我太害怕，甚至都不敢打电话给西尔维娅。秒针每走一下都拨动着我的神经，如果动作能快一点，也许不会迟到太多。当我终于坐上车时几乎崩溃了，害怕因为太急于完成报告而写错了什么，同时又害怕到家时西尔维娅已经收拾好东西走了。”

她试着用平常的方式描述这种情况：“我总是想要取悦每一个人，但最后总是有人对我失望或生气。我有种罪恶感，感到非常恐惧。喉咙非常难过，感觉自己又回到了小时候，一无所长。然后，我只能听到一些批评：自己有多么不好，‘别人’有多讨厌我。我评判自己的价值取决于我付出的程度，西尔维娅和我在一起时快乐的程度。当她对我生气时，我感觉是世界末日，想要躲起来，但似乎哪里都没有我的容身之地。我没办法把事情做对，一直都做得不够好，我很怨恨自己。”乔安妮此时开始抽泣。

当乔安妮慢慢恢复平静后，西尔维娅也表达了她的一些想法。“乔安妮说晚回来时，我真的很生气。我不喜欢等别人，因为不知道发生了什么事。但是我真的很讨厌乔安妮总是好像低人一等似的。她不会说‘不’，我觉得她偷走了我们的时间，送给了别人。有时候，我会出语伤人，会责备她，我也很不喜欢自己这样。”

西尔维娅转向乔安妮，说：“很高兴看到你刚才哭出来了，你通常都不会表达感情。”乔安妮勉强笑了一下，随后告诉我们，她的家庭习惯就是即使牺牲自己的真实感情，也要“对每件事展现出欢乐的笑脸”。

在辅导中，我们鼓励乔安妮继续探索，在她过分关注西尔维娅而忽略自己的背后，有哪些深层的未被解决的问题。她的依赖问题可以追溯到早年和母亲的关系，她把母亲定义为“情绪化女王”。每当乔安妮有感情波动时，母亲却只会关心自己的感觉，丝毫不顾及她。由于不能得到外部的支持，也无法独自处理，乔安妮渐渐学会远离所有可能给她带来情感压力的事情。她把自己的感情埋得越来越深，为自己的尊严戴上保护壳，掩饰自己内心中不足的感觉，无意识地期待着更大的拒绝和遗弃。为了弥补自己不足的感觉，她把注意力全部放在了他人的需求上，与自己的内心越来越远。

我们告诉乔安妮，要改变这种行为模式需要一定的时间。她开始观察自己的思想、感觉和行为，探索自己是如何把注意力转移到西尔维娅身上的。由此，她慢慢对自己有了更深入的了解。在这个过程中，我们鼓励乔安妮在每次成功拒绝取悦他人后，仔细体会自己的感觉。慢慢地，乔安妮学会了独自与内心中的空虚和恐惧感和平相处，而不是选择习惯性地逃避或转移注意力。当她以一种欢迎和好奇的心境来迎接后，就学会了把注意力更多地放在自己身上，而且在这个过程中，她也培养了表达自我的能力。

穿透亲密的错觉

我们之前提到，认为自己是不足的，补偿身份就需要证明自己有足够的能力。当我们失去工作时，就觉得自己是个失败者；当伴侣不支持我们的观点时，就认定自己不被爱了。我们从来没有看看自己在这些问题中所扮演的角色，只是会特别担心生活中出现什么事情，因为无意识的负面自我认知会暴露这些缺点。我们要求伴侣去维护我们的这种自我认知，这样才能感觉良好，情感关系就变成了“合谋关系”。也就是说，大家达成一致，不会触碰那些让伴侣感到“不足”的敏感点，交换的条件就是他们也不能揭发我们的“不足”。

举些例子来说：如果他们不对我们熬夜有什么意见的话，我们就不会对他们的酗酒大呼小叫；如果他们不要求我们必须守时的话，我们也不会指出他们对朋友有多么依赖；如果他们不逼着我们找一份工作的话，我们也不会谈及两人之间越来越远的感情距离。

如果双方都没有意识到这种“合谋”的习惯，就会限制对方的潜力，而不是积极地帮助对方发掘。这种防备、想维持补偿身份的习惯，会使我们无法踏出无意识的行为模式，无法让别人看到内心隐藏的痛苦。不仅不能深切地感知对方，还会把这段感情限制在向对方索取（他们能为我们提供什么）上，因此更不能接触到纯金本质。

通常，我们在感情中所期待和要求的东西，正如小孩子希望从母亲那里获得的东西一样。这是因为，我们的依赖性就源于童年时没有得到足够的支持。对于小孩来说，他应该受到照顾，他有权期待和要求外在的支持，这种对他人的依赖是我们培养自己内在力量的先决条件。但是有时候，这一过程在我们进入成年后还未完成，然后发现自己和伴侣都在纠结：到底谁该照顾谁。

当我们连满足自己的需求都要由他人来实现时，就陷入了小时候的两难境地。如果一段关系需要对方来支持我们的自尊，就会让人无法自我成长。因为我们希望由现在修复过去的创伤，延长了自己扮演“孩子”角色的时间，就更加助长了这种依赖性，而不是个人的成长。这种不健康的亲密，不仅无法帮助我们重拾自身的完整性，反而会增加依赖性和不安全感。

* 不健康亲密的三种限制性观念

如果我们的依赖关系是不健康的，在与伴侣的相处中就会出现以下三种观念或行为：

◎ 认为对方有能力控制我们自我感觉的好坏。

◎ 过分关注对方的需求，却忽视了自己的需求。

◎ 我们总是希望对方能做出改变，让我们感到高兴、被爱、完整、和平、舒适、受欢迎、被渴望、被信任、满足，或任何其他可被概括为“让我们感觉良好”的情况。

当我们把焦点放在他人身上时，就会感觉被对方控制了，也就是不健康的依赖。我们抱怨迷失了自我，常常感到愤怒或压抑。如果不能找到这背后的原因，我们就会像颗定时炸弹。不知道自己想要什么，认为自己有义务满足伴侣的一切需求，总有一天，我们会爆发。表现的形式可能是拒绝对方，或者直接离开。我们肯定都见过或听过这样的故事，一个人和伴侣决定买一栋房子，但是他们搬进新家不到五天，就觉得这段感情无法继续下去。或者一对夫妻决定要孩子，但是在孩子出生前一个月，他们决定离婚。又或者，两人在刚度完蜜月后就决定离婚，因为其中一个人说他突然“发现”自己不再爱了。

当两个人在一起时，那种强烈的依赖感可能会造成爱和亲密的假象，但事实上，双方几乎都无法感受或意识到，对方是一个独立的值得尊重的个体。这时的亲密并不是真正的亲密，而是一种强烈的感情需求，希望彼此相互配合来缓解自己的焦虑，获得一种安全感和舒适感。这就导致了亲近的假象：这段关系外表看起来完整牢固，但它的内在实质却空空如也。当我们陷入这种关系时，就会觉得非常不安，但又不知道原因或应该如何解决。

走向健康的亲近

用感情关系来解决依赖的问题并没有什么不对，实际上，这是解决依赖问题的最好方法。在这里，所关注的并不只是我们是否具有独立性，更是这种独立性的程度和持续度。

为了摆脱以他人为中心的模式，我们必须要时刻关注自己内心的感觉和反应，不应是把注意力全部转向伴侣而忽视自己。处在亲近的关系之中，就像在一个保险箱或温室里，我们感觉很安全,感觉有人支持。而这时,我们就要培养自我依靠的能力。最后，必须离开这种温暖和舒适的环境，并认识到：如果我们在这种环境下待得太久，反而会产生危害。必须时刻提醒自己，这只是暂时的支持，就像辅助轮胎，为了让我们有更好的平衡感和自力更生的能力，对它的依赖势必要逐步减少。每当我们感到不舒服的时候，如果能够控制自己责备他人的冲动，就会慢慢找出自己的负面自我认知。但是，我们也必须培养内在资源以获得不设防的亲密，帮助我们在需要的时候提供两种支持：一种是产生亲近感的时候的支持；一种是感到被抛弃、被背叛、不受欢迎的时候的支持。

这种相互支持的亲密关系，会让我们的生活从以外在需求为导向转为以内在需求为导向。我们不仅要认识到自己的感觉，还要学习如何让感觉像大海里的波浪那样涌现、消退。随着我们对不适感的抗拒慢慢消失，补偿身份就会逐渐变弱，我们就会卸下防备盔甲的束缚。不再相信这种不适感会永无止境，而是尝试更多地表达自己的观点，获得更接近本质的自我。对于亲近的渴望会一直指引我们，虽然途中难免也会经历“感情距离”，但最终，我们会离亲密越来越近。

协议：如何延长亲近、预防亲密

基于健康的亲近，双方会平等地尊重对方，都注重去创造并维护“共同的力量”，而不是让某一方控制一切。如果选择把另一方的需求也考虑在内，就会进行协商，而不是单方面地给予或付出。然而，这种妥协的做法或愿望，却可能导致我们用更复杂的方法来维持自身的防备系统。令人惊奇的是，协议就是其中一种有害的妥协方式。

达成协议，是基于双方都想解决某一问题的共同愿望，这比不健康依赖关系中的冲突和绝望要好得多，表明双方的成熟度和灵活性都有所提高。当协议无法达成时，他们通常会再次回到谈判桌上进行谈判、协商、妥协，让这段感情关系回归正轨。

设立并遵守协议的能力是爱情不设防的先决条件。然而，这些协议不仅不会帮助我们打破彼此的心墙，反而让这道墙纹丝不动、完好无损。如果我们希望超越这种健康的亲近，就必须把注意力转移到协商背后的目的上。例如，当一次协商没有成功时，不要立马进行下一次协商，而应该把这当作一次帮助个人成长的好机会。

这样做，可能会对目前所达到的亲近造成暂时的威胁，我们会在下一章告诉大家具体应该如何实施，这里要先分享一下一对夫妻在现实表面进行深入探索后的成果。这种暂时的不稳定一方面造成了挑战，另一方面又使人收获良多。因为他们一直都拥有互相支持的环境和健康的亲近，已经培养了足够的自身资源和信心，来帮助他们度过这段短暂的不安定期。

运用不设防理论的实例：杰森和玛莎

杰森和玛莎就家务事等达成了一系列的协议，杰森的任务之一就是把可回收的物品送到回收中心。有段时期，杰森忘记了这个任务，玛莎觉得很失望，很沮丧，就指责杰森缺乏诚信，不遵守协议。

杰森觉得自己被协议绑住了手脚，说如果协议没有一些灵活度的话，那么他就不会再遵守了。“有什么大不了的？今天没把可回收的东西送出去，又不是世界末日！”当杰森和玛莎第一次来到我们这里时，两人都对彼此有很大的怨气。

随着更深入地探寻后，他们开始发现：他们其实是想要利用这个协议，来避免体验到自己很没用的感觉。玛莎不能容忍感到失望，制定这个协议就是希望能够让杰森有责任感，这样就能维持他们所依赖的亲近感。当杰森看似不把这个协议太当回事的时候，玛莎就承担起“超级警察”的角色，开始斤斤计较。她严格的根源可以追溯到她的家庭成长环境，是因为很多不可靠的人让她一次次地失望。

玛莎的失望导致了她的破碎自我认同浮出水面——不被

人爱。她得出的结论是，如果真的有人爱她就不会失望。她一直都在竭尽所能让自己有责任感，遵循承诺，同时也要求他人这样做。失望更加剧了“生活是不公平”的感觉，为什么她对别人很负责，可是别人却把自己不当回事呢？

与之相反，杰森正在与“权威感”抗争，每当他被要求做什么事时，就觉得自己被压迫了。他希望通过参与制定协议有一种掌控感，进而避免与权威抗争。但是事情并不能像他所想的那样，他觉得被困住了而感到窒息。他想打破这个协议，是因为想逃避这种被控制的感觉，不能容忍有人凌驾于其之上。

一旦杰森和玛莎了解到，制定这个协议是为了避免心中的某些感觉，就会开始着力于增强自己容忍这些感觉的能力。把破碎的协议看作一个警钟重新认识彼此，放下原有的姿态和防备。当他们重建协议后会发现比回收旧物有更大的意义。协议变成了一张晴雨表，能够反映他们彼此解决自身问题的能力——玛莎的是失望感，杰森的是控制感。

通过在不设防状态下的自我审视，玛莎意识到，她想要控制杰森是为了避免体验到过去熟悉的痛苦感。其实有意识地让痛苦浮现可以让自己更接近本质，同时拥有更多的同情心——这种同情心足够容纳她的痛苦和难过，融化心里因为背叛和失望产生的僵硬。当她回归原始而透明的本质后，就与杰森有一种更亲密的、更深层次的联系。

同时，杰森与权威的斗争表明他害怕被别人控制。他意识到反抗被控制的方法就是外表认同、内心反叛。这一认识让他感到非常震惊，因为他越是被动认同，就越无法掌控自己的生活。当他的自由感受到威胁时，就把注意力放在了害怕被控制的恐惧上，最后却发现真正害怕的是就像他父亲那样控制别人。虽然很失望，但是杰森意识到“选择忘记”协议，其实就像被动地反抗自己的父亲一样。

* 当亲近不够近

人们制定协议，想要构建健康的亲近关系，其目的都是为了创造一个双方都认可的共同基础。在上面的例子中，这种共同基础就是，两人都同意去解决问题，而不是去掩盖。

当我们出现分歧，并用协议来绕开问题时，就错过了找到共同基础的机会，因为共同基础只能通过卸下防备才能实现。虽然，协议有时候可能比较快速有效，但当它们不起效时，我们就应该勇于承担起这个更艰巨的任务，即着手解决想要逃避的问题，即使这个过程会对习惯的亲近造成暂时的威胁。否则，协议就只会阻碍我们得到不设防亲密的能力。当我们解决了内心的冲突后，两人之间无论有无协议，都会获得更好的沟通。因为我们不再与自己的本质脱离，内心中的一致性也会反映在外显的行动中。

这一过程的魅力在于，其中的每一步都要为后一步让路。亲近就像一个容器，在其中我们可以培养自己的内在自信。但是，如果对亲近期望太高，肯定就会变得过度依赖对方。最好的办法就是，这段亲近的关系虽然能够提供一种安全感、稳定感、舒适感和温暖感，但是，当我们已经准备好进入下一阶段的亲密时，就要放弃或者是暂时放弃这些已经获得的感觉。如果想要刻意延长或维持亲近，而不是将其当作供我们成长和超越的环境，长此以往就要付出代价。它会收回曾经为我们提供的活力、能量和爱。

许多夫妻历经坎坷，终于获得了他们认为最完美的亲近关系。但随后，他们开始体验到了乏味、无聊、缺乏活力，感觉被这段感情困住了，觉得“整天都围着对方转”或“在平行的轨道上生活”。之所以体验到了痛苦和幻想破灭，就是因为他们已经到达了以性格为中心的感情关系最高峰。要想改变现状，就必须超越现在已经获得的这种关系。

健康的亲近并不是我们感情关系旅程的终点。它是亲近的最高形式，是亲密的某种副产品，但不是目标。不设防的亲密比以亲近为特征的控制性关系更为成熟。只有当我们拥有了完全表达自我的能力，并且另一半也是如此时，真正的亲密才会出现。

我们大多数人刚开始都会在感情中寻求亲近，还没有足够的能力了解到自己是一个独立的个体，可以向别人展示真实的自己。一旦能够体验到自己在本质上是完整的，就不会有过去那种不足感，渐渐地随着把重心从性格转移到本质，我们也会越来越成熟。如果我们能通过亲近关系的滋养了解自己最深的本质，就不会迷失我们自己，两人的力量就会融合在一起。为对方付出时，那种慷慨是真正源自于内心的充实；在接受时，内心是完全坦诚、不设防的。如果亲密是一朵鲜花，那么，健康的亲近能力就是让其生根发芽的肥沃土地。

Chapter 6

渴望与自我联系

要实现不设防的亲密，我们需要培养与他人和自己建立健康关系的能力，这样才能满足另一个基本渴望：认识自己最深刻、带来共鸣的内在核心，并在这个核心的指导下生活。当我们抛开限制，学会识别和发现内在后，就剥去了层层情感防备，让自己最真实的部分显现出来。

到此为止我们介绍过的方法有：了解我们的本质特征；认识破碎自我认同、补偿身份及行为策略；把亲近看作是情感关系的一个阶段。这些都是在实现不设防亲密的过程中需要培养的能力。而接下来要讲的内容，就关于如何接近和表达最真实的部分，这要求我们必须探索现实表面以下的东西，并将它们挖掘出来。在心理咨询中，我们把这个过程称作“健康的自我关注”（healthy self-involvement）。

健康的自我关注是一种能力，我们持续关注自己的脆弱性，并采取相应的保护措施。它要我们许诺，愿意去发现与“我们是谁”这个问题有关的一切答案——比如情感痛苦、空虚和无力；也许有不恰当的渴望拒绝——学会向他人表达自己感受到的一切。只有如此，我们才有可能被看见、被了解、被爱。当我们拥有面对自我内心体验的能力时，才能够畅通无阻地与伴侣敞开心扉地相爱。

亲近是一种表象，而以情感关系为中心的亲密却不同，它是一种专注内在和个人的过程（尽管最终的实现取决于我们在另一半面前能否展现真实的自我）。正如在前几章中所描述的，当我们以一种健康的方式去亲近伴侣时，主要关注点就会在伴侣以及整个情感关系上：在关系中体验着自我并重新定义自己。这促使我们愿意去适应他人，有助于双方彼此交融。

相反，当我们以一种健康的方式关注自己时，主要关注点就会集中在自身和内在。这与自恋不同，自恋是没有能力关注除自己以外的任何人，而有益的自我关注则是源于对亲密的深层渴望。要与内心深处的核心自我（本质自我）建立持久的联系，就必须培养一种能力，不论伴侣给出正面还是负面的回应，我们都要有勇气展现出真实的自我。当我们以一种健康的方式关注自我时，我们就剥去了防备性格体系的保护层，展现出一个全然真实的自我，并学会坚守这个自我。

运用不设防理论的实例：马莱娜

有一次，我和马莱娜及几个同事共进晚餐，一位令大家尊敬的女士问了有关马莱娜一个朋友的问题，听上去让我十分震惊。她问道："你怎么会花那么多的时间和精力和一个虚伪的人交朋友呢？只会没完没了地为她的所作所为编故事，这个人根本没有感情。"这位女士的问题很武断且带有攻击性，我顿时觉得后背直冒冷汗。我望着马莱娜不知她会作何反应。我猜想，她很可能会对这位女士毫无根据的指责予以还击。但让我惊讶的是，马莱娜却平静地想了一会儿，把这个问题当作一个发现自我的契机。

她沉稳冷静地回应道："我的第一感觉是对待朋友不应像丢弃旧衣服般随意。我意识到这仅仅只是表面上的想法，因为这个想法支持着一个自我认知——认为自己对于友情是忠诚的。如果再深入探究会发现有一个旧有的、熟悉的、却令人很不舒服的感情生存策略在起作用。那就是，只要我坚持和她做朋友，就能避免进一步审视那份友谊，就会自欺欺人地觉得我们的关系很不错。我可能并不想知道真相——也许并不存在我认为的深厚友谊。避免进一步审视，就不用去处理失去朋友所带来的痛苦。”

通过这种自我探索，马莱娜有了一个重大发现。事实上，是对于失去朋友的恐惧阻碍了友谊的发展。这个发现让她重拾了与这个朋友建立亲密友谊的渴望，而不是任凭这份友情在自满和恐惧之间蹒跚前行。

几小时之后，我问马莱娜当时为什么没有厉声反驳对方，因为那个问题有可能被解读成一种指责，指责她对这样一个糟糕的朋友束手无策。马莱娜回答说：“如果是在很多年前，我会认为这样的问题很尖刻，可能会觉得不悦反唇相讥。但是，在经受了无数次的教训之后，我慢慢认识到，别人的指责不论有多么令人不悦，总能给你带来帮助，而反唇相讥却不能解决什么问题。所以今天，我能够选择接受这个质疑，看看如果我把注意力从回应外界转向关注内心，会有怎样的发现。”

在他人面前关注自我的内心，进一步强化了马莱娜的自我探索，帮助她获得了更深层的自我意识。她看重内心的感悟和自我探索，并不是太在乎自己在他人面前的表现，或是他人的批评。这是一个机会：我们可以更加坚定地去发现真实的自我认知，而不是在别人面前遮遮掩掩，或试图促使他人改变以维持我们的舒适感和安全感。

当情侣或夫妻来向我们寻求帮助时，我们会用与马莱娜一样的方式带领他们去审视双方的种种抱怨，鼓励他们不要争辩，不要严防死守、据理力争，而是从伴侣所说的话当中寻找真实的部分。即便伴侣的抱怨中只有一小部分是正确的，我们也鼓励他们接受这一小部分，把批评或指责看作一个契机，借此来帮助加深对自己的认识。培养健康的自我关注，发掘那些连自己也不清楚的特征。

要认识本质自我，就必须愿意挑战并探索我们的行为和反应，满足自己内心对深层自我认识的渴望。在内心深处有一个富饶的国度，等待能够穿透现实表面的人去发现。但是，如果我们与他人的关系伴随着不健康的依赖，探索内心的渴望也只能停留在原始低级的层面，那就是——过分自我。

过分自我——健康自我关注的阴暗面

作为独特的个体，我们有认识自我的强烈渴望，而“过分自我”不但会削弱内心这一真实渴望的程度，而且让自我形象不断膨胀。当过分自我时，就会呈现出一个理想化的外在自我形象

——“自我表现”，而无法从内心体会完整的自己。如果过于以自我为中心，就会限制或阻碍我们与他人亲近，因为“自我中心”正在排斥和伤害他人。此时，我们不认为他人能够帮助我们发掘自我的存在，而只是把他人当作了观众。只有当他们作出回应或表示关注时，才会引起我们的注意。这是一种典型的“单向关系”，“自我中心”利用他人的存在来助长自己的满足和强大。

下面列出了“过分自我”倾向的一些典型特点。在每一条特点的背后，其实都隐藏着一种不自信——认为自己在他人面前没有能力保持自我。有这种倾向的人通常会：

◎ 利用愤怒来强调自身的力量或制造分离

◎ 在不被关注时，丧失干劲或精力不集中

◎ 通过成为决策者来保持掌控权

◎ 觉得自己有权利做任何事

◎ 在失去掌控权时感到紧张

◎ 用距离和阻挡来维持“独立”的自我形象

◎ 自己来去自如，但要求伴侣能随叫随到

◎ 忽视伴侣的存在

◎ 期望伴侣能对自己说出和没说出的需求作出回应

◎ 很难做出不变的承诺

◎ 死板僵化，对于他人的困惑和不确定很不耐烦

◎ 很难倾听他人

某种程度上来说，几乎每个人偶尔都会表现出过分自我的倾向。在一个公开讨论小组中，我们请学员用两周时间观察他们自己的过分自我行为模式，要求在下一次小组讨论时上交他们的发现及感想。交来的描述显示，过分自我这一特征有多种多样的表现形式。

威廉姆认为，他是“本小组中最嚣张的过分自我者”。即便是在做这样的陈述时，他也把自己放在了中心位置，这就是过分自我的明显表现。“我滔滔不绝地说自己的事情，向别人提问只是为了进一步借题发挥，说更多有关自己的事情。从前以为我需要他人作出反馈，但现在意识到，我根本不想知道他们的看法，或是任何信息，我真正想要的是一群观众在旁边时不时鼓掌叫好。”

阿德尔发现她总是沉迷于自我评价中，认为这是一种过分自我的表现。她写道：“我意识到在自我批评背后隐藏的是一种非常夸张的自我关注。越是评判自己，越是把自己和他人的注意力转向了自己。”

然而，桑迪发现了另一种过分自我的形式：“我很少同情伴侣，我把她的感觉看作一种负担，感到厌倦和困扰。这个星期，我终于意识到自己总是表现得那么漠不关心，是因为不希望任何注意力从我身上移开。”

即便我们表现出“以他人为中心”，也会发现行为背后潜藏着自我中心的动机。莎恩发现了这一点并写道："我很久以来都找不到自己的过分自我模式，直到有一天我意识到，在美化伴侣的背后隐藏着自私的动机。专注于对方其实是为了支持我的自我形象——我和他是完美的一对。这也是一种过分自我，尽管形式是间接的。"

在过分自我的背后，其实是对认识自己独特个性的渴望。然而，在小时候，认识自我的努力被认为是错误的，对了解自我的兴趣被误解为自私或社交无能。我们对于自身个性进行探寻，想让自己"与众不同"，但这种"不同"的感觉是消极的。我们感到被排斥，被视而不见，被误解。我们可能会被送回自己的房间，沉溺于自我的幻想，或从被拒绝的痛苦中寻找解脱的方法。如果我们从小就学会了用隔离的方式进行防备，长大后就会继续缩在壳中，依赖补偿身份的保护，拒绝与他人交流。于是，我们原本健康的对自我的兴趣转变成了不健康的自我防备。

即使我们时常能从伴侣那里得到肯定和支持，但如果不能发现自己的过分自我模式，也会一直觉得孤独和孤立，最终会发展成一种依赖于他人评价的自我认识。在这种情况下，我们既不能满足了解自我的渴望，也不可能与他人建立不设防的亲密关系。

* 自我满足的假象

尽管有过分自我倾向的人会表现出自满和独立的假象，但事实上，他们的依赖性并不亚于那些公开承认自己有依赖倾向的人。他们仍然依赖周围的环境——伴侣、家庭成员以及朋友，来保护自己的积极形象不被损害。如果他们强烈需要他人给予积极的关注，即便是一些鸡毛蒜皮的批评，也能让他们的内心掀起轩然大波，而这种内在的情感挣扎最终会通过充满敌意的攻击或退缩得以发泄。

那些高度自满的人尽管摆出一副独立的架势，但实际上却很难应对孤独。在情感关系中，他们无法接受伴侣有独立的需求和想法；相反，他们把伴侣看成是自己的延伸。我们的来访者萨沙描述道："身体不舒服时我很生气他不能在需要的时候陪着我，也很厌烦他不出去多交朋友总是粘着我。我希望他能成熟一点，能独当一面。"

对于初次参与辅导的情侣或夫妻，我们常说的一句话就是："这并不是在说你。"在最初的阶段，听到自己的伴侣在谈论某个敏感话题时，人们通常难以回避内心的纠缠，忙着插话为自己辩解。一句"这并不是在说你”，可以为听者带来暂时的庇护，让他们能够控制自己的反应，这样说话的人就有更多的空间去表达，不必担心遭到反驳。

这个“这并不是在说你”的治疗用语，会让来访者的脸上露出笑意，表示“说这些也无妨”。这会让有过分自我倾向的人发生转变，不总认为别人说的一切都与他们有关。

我们因着补偿身份的需要，希望别人能用让我们感觉良好的方式来回应。我们不希望自己的形象受到挑战，或是被拆穿。我们的形象就像倒映在平静湖面上的脸，只有在湖水不被搅乱的情况下，才会保持完好。我们错误地认为,自己“很坏”或“还不够好”的情感体验，都是伴侣的举止、行动和反应造成的，而不是自己内心冲突和残缺的反映。

情感关系可以帮助我们解决童年时期形成的不健康依赖和过分自我的问题。一开始，我们需要保持警惕，看看是否会不自觉地想要引起别人的仰慕和赞同。接下来研究一下，为什么我们不愿欣然接受那些诚实的反馈，从而发现自己是如何陷入了旧的行为模式。

在依赖性这个问题上，我们关心的并不是自我中心本身这个点，而是这种状态持续的时间和程度。如果总是向伴侣寻求感觉良好的回应，而不愿让对方揭示我们的破碎自我认同，那么我们就仍然陷在补偿身份之中，错过了发现内在本来完整性的机会。如果能学会信任，打破补偿身份，就能进一步地认识我们独特而珍贵的本质自我。这时，不舒服的感觉消失了，你发现自己被激情与感动包围着。我们越是能够探索并揭示隐藏在情感防备之下的东西，就越能感受到亲密，也越渴望与他人分享我们所有的体验。

培养健康的自我关注

如果童年时在家庭中体验到的是负面影响、批评或攻击，我们起初可能会将自己封闭起来，不愿努力朝着健康的自我关注前进。防备性格会构建起坚不可摧的盾牌，也阻碍了自己与外界相连。于是，在探寻来访者的童年阶段时，人们通常会感到压力很大，有时候他们会愤怒地提出质疑："我不知道你要找的到底是什么，但是我只有这些。"类似这种情况时有发生。

其实，他们还有很多东西尚未发掘，包括许多层次的性格。正是这些性格阻碍了我们与自己和他人实现不设防的亲密，还包括被层层性格所包裹的宝藏——本质自我。有一句名言："如果你想要一些小饰物，就去沙滩上找吧！但是，如果你想要真正的宝藏，就必须潜入深海。"真正的宝贝总是藏在很深的地方。我们面临的挑战就是，学着去发掘潜藏在能意识到的、唾手可得的信息之下的东西，并在看似没有宝藏的地方，勇敢地继续找寻。只有当我们超越自己，踏上未知的领域，全面了解自己人生的兴趣时，才会实现真正的亲密感。

垂直深入

为了帮助来访者发现他们实现亲密关系的深层意义，我们向他们介绍了"垂直深入"的练习。这个练习的目的在于通过不断提出和回答问题进行自我探索，直到我们发现一些不知道的事情。当用适当的方式完成这一练习后，你会感受到无比的放松和惊奇。

运用不设防理论的实例：索尼娅

索尼娅在来做咨询的初期，并没有意识到自己的本质自我。她理想的生活不仅仅是现在这样：做两份兼职，同时攻读硕士学位，她还希望能够从生活中得到更多的体验。在第一次咨询中，她谈到与母亲之间沟通困难的问题。索尼娅说，母亲似乎从不想与她说话，每当打电话给家里时，母亲总是把电话递给父亲。

当我们问在这种情况下她有什么感受时，她会大声说："我觉得没什么啊！"

"既然如此，你为什么想要谈论这件事呢？"我们问。

"我不知道，我就是想说点什么。"

"为什么？"我们再次问道。

"我也不清楚。"她回答。

我们向索尼娅介绍了"垂直深入"的练习，建议她通过回答我们的问题，深入了解困惑的根源，从已知的情况中努力获得新的发现。我们要求她想象自己站在一个平台上，平台边有一架梯子，一直向下延伸，通向未知的地方。为了帮助她深化自我探索，我们会问一系列问题，每一个回答都会帮助她沿着梯子往下深入。

于是，索尼娅开始简洁地重述问题。“我不喜欢母亲拒绝和我通话。”我们建议从这一句开始逐步深入，向她提出了另一个有引导性的问题：“当母亲不与你说话时，你有什么感觉？”她的目光移向别处，耸了耸肩，冷冷地答道：“我猜她不想跟我说话。”索尼娅停下来似乎在等着我们做出评价或接着提问，而我们只是简单地回答道：“你已经深入了一层。”

“好吧，当想到亲生母亲居然不想和我说话时，我感到很难过。谁遇到这种事会不难过呢？”这时，我们告诉索尼娅在深入探索自我的过程中，她已经向接下来的深入迈出了宝贵的两步，建议她忽略我们的反问（这个反问只是为了证实她的感觉是正常的），只管继续深入。

几秒钟之后，她回答说：“我的脑子一片空白。”“太好了！”我们异口同声地说，“空白是深入过程中的一个重要步骤。它意味着你快靠近外层防备性格了。”我们向她解释，当到达“空白”这一境界之时，绝不能以为再也没有什么可深入挖掘的了。“千万不要让你对‘再也没有什么了’的恐惧感占了上风，事实上，你还有机会发现更多的东西。”我们告诉索尼娅，“你一定要鼓起勇气去探索未知的领域。这样做，你就会开拓出一条道路，冲破你的外层防备性格。你必须走得更深入些！”我们鼓励索尼娅再接再厉，在之前两步的基础上继续探索。

在一片空白之中，索尼娅说："这真难啊！”她有这样的感叹是因为，当我们的性格遇到了超越能力所及的挑战时，我们就会意识到自己在“变僵硬”(开始产生抵抗情绪)。我们不会屈服于这些挑战，而是开始防备，加固自己以防崩溃。事实上，我们的直觉是正确的，在我们的内心中，的确有一些东西在崩溃，或者更确切地说，是在消散，在对自我的更深理解中逐渐消融。起初，我们的“变僵硬”通常表现为：说自己“无法继续”或“感到紧张”，但是当我们渐渐疲惫，最终卸下防备时就会进入当下时刻，更容易体验到正在发生的真实情形。

我们告诉索尼娅，她的抵抗正是“变僵硬”的一种表现，这是一个好迹象。“它意味着你正在与防备性格作斗争，正感受到它的对抗。请你继续探索下去。”我们给了她这样的指导，“请再次回想你母亲把电话递给你父亲的情形，看看能从中激发出什么感觉？”

“我猜，我害怕母亲不是真的爱我。”现在，索尼娅的眼睛湿润了，声音也哽咽了，“如果母亲不爱我，那是不是意味着我自己有什么不好的地方？”在迈出更深的四步之后，索尼娅触碰到了她的破碎自我认同，感受到了自己内心的脆弱和残缺。

我们等着她继续发掘。突然，索尼娅的脸上掠过一片阴云，我们发现她又一次“变僵硬”了。这一次，她说母亲无法去爱任何人或任何事物。我们打断了她，要求她找出说刚刚那句话的目的。她认识到，刚才那句评论是一种逃避的表现，她企图用愤怒驱走渐渐感受到的痛苦。于是，我们请她回到先前那级台阶上，不要企图逃走。

“我感到心头一阵疼痛，我觉得沮丧、忧郁。”现在，索尼娅来到了一片全新的土地。我们高兴地告诉她，她已经沿着梯子向下走了至少六层，就快要到达目的地了。她似乎并没有听我们说话，已经完全投入到自我探索之中。“我想如果连母亲都不爱我，那再也没有什么人会爱我了。必须先让母亲能够爱我，才能找到爱情。”对于索尼娅来说，这是一个全新的发现，她看起来好像刚刚生完孩子的母亲一样，欣喜若狂，同时又疲惫万分。我们都长舒了一口气。

并没有一个神奇的公式能够预测，要获得全新的自我认识，我们需要沿着梯子向下走多少步。在引导来访者时，有时候只用七步，而有时候可能会用到十五步。记录步数的目的只是为了确保自我探索的过程在继续，来访者正在超越他的性格防备。我们倒数剩下的步数，是为了在没有进展时鼓励来访者继续下去。当自我的渴望被激发出来后，就不再需要这样的外部支持了。

要想穿透我们多年建立起的层层防备，进入深层自我，需要一定的时间和耐心建立一种新的思维方式：当我们有任何体验或反应时，都问一问自己为什么。提出问题，而不是回答问题。当你有了新的发现时，就会知道：那就是纯粹的亲密。

* 阻碍自我探索的五个常见错误

在做“垂直深入”练习的过程中，我们可能会犯五个常见错误。因此，在你开始这项练习之前，有必要对下面的内容有所了解。

◆“因为”(Because)的陷阱

请小心使用“因为”这个词。通常，当我们使用这个词来解释某种感觉或行为时，会落入性格的陷阱，用一个强化防备性格的狭隘观点来回答问题，而不是真正去深入挖掘自己。比如，“我很生气，因为伴侣不支持我设定三岁儿子的活动范围”，这句话并没有告诉我们任何与说话者有关的信息，大部分的注意力都放在了另一个人对说话者的影响上面。

因此，请试着避免说“因为”这个词，避免说那些以性格为中心强化你观点的故事，试着仅仅说“我非常生气……”看看如果你只是单纯地说出你的体验，不加解释，不将其合理化，会发生什么。这时，一些深层的东西往往就会浮出水面。比如，“我觉得有点伤感”，或者“我觉得怒火中烧，非常难受”。由此，更深层的自我会展现出来。

◆“解释”（Explaining）的陷阱

你要留意自己是在不停地解释，还是直接去体察在那个时刻的真实感受。一旦你开始解释，就和正表达的东西之间拉开了距离——你甚至可能完全是在谈论另一个人。请把注意力完全集中在当下时刻，而不是你“通常”的感觉。试着说：“现在，我注意到……”在陈述感受时，请体察过程中都注意到了什么。

这样做或许会让你觉得很难受，但也能把你带入更深层的自我关系里。

◆“快速回应”（Answering Quickly）的陷阱

当别人问“你觉得怎么样”时，大多数人的第一反应是“很好”。在“垂直深入”练习的过程中，绝不能做出快速的回应。因为通常所做出的任何快速回应都只是一个反射动作，它来自于性格，或者某些你已知的东西。在思考每一个问题时，你都要像第一次思考这个问题一样去对待，仔细斟酌，让它带你去往某个未知的地方。如果来访者起初很难忍住不做快速回应，我们就要求他们发出“嗯……”的声音，以提醒自己重新思考这个问题。

◆“列清单”（Listing）的陷阱

“列清单”的错误非常普遍。在被问及一个问题时，我们会把能想到的所有东西都罗列出来作为答案。如果有人问：“你现在有什么样的感觉？”而你的回答是：“事情这么棘手，我觉得热、生气、厌恶、快要疯了，还有一点害怕、沮丧……”那么你只是在事情的表面游走，并没有深入下去。如果你有这种倾向，请控制每次只说一种感觉，在这一点上充分挖掘，看看它能将你带到哪里，然后再转向其他感觉，这样才能专注地向下深入探索。

◆“概念”（Concept）的滥用陷阱

如果使用概念来传达我们的体验，就会被困在性格的牢笼之中。我们会觉得自己“被抛弃了”“被孤立了”，或者“不舒服”，但是在“垂直深入”的情境中，这些都是模糊而无意义的词语。类似的概念会制造出一种安全感，会限定每个词的意思，而不是感受外界对自己产生了什么触动和影响。如果在自我探索过程中，你感到安全、理性、头脑清醒，那么就是在用概念传达体验，你并没有真正地“垂直深入”。

要避免“概念”的滥用，可以试着用孩子也能理解的方式来传达感受。或者，你可以透过概念识别出隐藏于其后相关联的身体知觉。请用详细而精准的语言来描述你的体验，这将更直接地把你带到当下的时刻和亲密的境界。

比如，可以避免说你感到“被抛弃”了，这个概念与太多的过去经历相关。试着采用一种放松的姿态，展现出原始的体验。来访者哈维在做尝试时，就成功地深入感受到了他的体验。他描述说："我感到孤单。我的身体冰凉，感到寒冷刺骨，而且我朝房间里看时，感觉房间的光线比几分钟前更加昏暗。我呼吸困难，急切地想寻找熟悉的脸孔、声音或地标。"哈维的描述就跳出了概念的限制，让我们觉得他在传达那一刻的真实感受。

在自我探索的过程中，你要保持开放的好奇心，而不是痛苦地试图"做到正确"，相比之下，前一种动力能支撑你更好地完成这个练习。如果陷入困境，或注意只是在水平移动而没有垂直深入，请你回顾以上的五个错误，它们能帮你指出正确的方向。请记住，你的目标是揭开防备性格的层层面纱，从而真实、直接地体验到本质自我。要实现这个目标，你必须像印度灵性老师普迦教导他的学生们时说的那样："深入，再深入。绝不要在任何地方停下来。"

*** 自我探索：练习"垂直深入"**

现在开始这一练习：如果是有伴侣的，请选择一句对伴侣的抱怨；如果现在单身，请选择一句对前一段情感关系的抱怨。这个抱怨对你的"掌控"影响至今，当你默默说出这句抱怨时，会感到紧张、焦虑、不舒服、痛苦或困惑。建议刚开始做这项练习时，最好不要选择令你抓狂的问题，尽量找一个对你的"掌控"还不算太强的。你正在练习的是一种自我探索的技能，能够深入挖掘对自我的认识。随着练习越来越艰难，你将感到自己越来越深地扎根于本质自我的宽广土壤。最终，无论伴侣如何对待你，他都侵扰不了你内在的安宁和平衡。

◆简明地说出你的抱怨

用直接而简短的语句说出你的抱怨。在这个练习中，你要说的是对他人的抱怨，而不是对自己的。要激发出深入挖掘的欲望，你在表述时需要强化或夸大此刻的感受。比如，当伴侣总是在你真情流露的倾诉中昏昏欲睡时，你抱怨道："太没心没肺了。"

以下列出了一些常见的抱怨：

"你……"：

◎ 不可理喻

◎ 苛刻至极

◎ 很小气

◎ 很凶

◎ 很懦弱

◎ 是个骗子

“你（太）……”：

◎ 容易生气

◎ 自私

◎ 无动于衷

◎ 激动

“你一点也不……”：

◎ 支持我

◎ 陪我

◎ 关心我

◎ 向我倾诉

◎ 聪明

“你从不……”：

◎ 为我付出

◎ 知道自己的感觉

◎ 倾听我／理解我

◎ 告诉我你的感觉

◆建立清晰的目标

在确定用哪句抱怨之后，必须先明确以下几点才能开始做垂直深入练习：

◎ 你愿意探索这句抱怨，以便更深入地理解自己吗？

◎ 你愿意接受在练习过程中浮现出的困扰和不适感吗？

◎ 为了发现自我，你愿意把和伴侣之间正在发生的事暂时放在一边，或放下你的立场吗？

当你愿意让任何体验自然而然地发生时，健康的自我关注就开始了。无论你认为这句对伴侣的抱怨有多么重要，也无论你对这件事的感觉有多么强烈，只要你专注于自身，自我关注的过程就在继续。

◆一些能帮助你获得内在动力的问题

我们在此列出了一些问题，来引导你进行深入的自我探索。当你超越了以性格为中心的观念，向表达真正自我的境界不断靠近，最终，这些问题都将会自然而然地存在于你的意识当中。再经过一段时间的练习，这些问题也将会完全消失，你的自我探索过程将不再需要借助于它们的帮助。

请按顺序阅读并让自己在每个问题上停留一会儿，并进行深入探索。有的问题也许有必要思考五到十分钟，并记一些笔记；有的也许只是一遍又一遍地自问，仿佛以此来揭开内心的枷锁。为了帮助你进行自我探索，我们在每个问题的下面都给出了一位名叫伊拉的来访者回答，这些回答帮助他在“垂直深入”的梯子往下走了好几层。如果某个问题不适用于你的实际情况，可以跳过。如果有一些引起了你的注意，就继续探索。在这个过程中唯一的，也是最重要的向导就是：发现自我的强烈愿望。你发现得越多，对不设防亲密的体验就会越深。

1. 请说出你的抱怨，尽可能说得清楚、简短，就像参考例子一样。

伊拉：“你的要求太多，太不独立。”

2. 当你的伴侣这样时，你有什么感觉？

伊拉：“我感到有压力，觉得必须给你所需要的一切。我觉得自己很空虚，好像没有足够的东西来给予我们两个人。”

3. 在这种情况下，你的身体有什么感觉？

伊拉："首先，我注意到自己很紧张，好像有人要从我身上拿走什么东西。更深入地想想，我觉得困乏，像是要崩溃了。现在，我感到非常疲惫，很想睡觉。"

4. 这种感觉熟悉吗？让你想到了什么（尤其是你童年时期的一些记忆）？

伊拉："这让我想起了从前母亲给我的感觉。她表面上看起来很脆弱，虽然也没有很多要求，但是我觉得好像她要依赖我才能获得快乐。"

5. 这个记忆让你产生了什么熟悉的感觉？

伊拉："我觉得快被压垮了。我觉得生气，然后想要逃避。"

6. 这个记忆强化了你哪些熟悉的信念？

伊拉："我无依无靠。我必须为自己做所有事情。别人总是让我觉得很累。我总是让人失望。"

7. 对于现在的情况，你最深层的恐惧是什么？

伊拉："我害怕我会变成你的父亲，而不是伴侣。我也害怕如果你不再提要求时，就会离开我。"

8. 关于你的愿望和感觉，你有哪些话没有对伴侣说？

伊拉:“我希望你能改变。我希望自己能得到照顾，但又觉得难以启齿。我很难让你知道这种感觉。”

9. 从中你得到了什么？这件事给你带来了怎样的帮助？它是怎样让你保持通常的防备姿态的？

伊拉：“我一定要做对的一方。我一定要比你强，要保持克制，要维护自己‘有能力’的形象。只要我把注意力集中在你的身上，就可以逃避对需要的感知。我觉得我不得不逃避自己的恐惧：只有得到我的关心，你才不会离去；你爱的不是我本身，而是我为你做的事。”

10. 如果能让伴侣按照你的愿望行事，会发生什么？在你的眼中，你的伴侣会变成什么样？

伊拉：“你会变得更坚强。你会为我们俩提供充足的资源。我可以依赖你，你也会偶尔照顾我。”

11. 当想象自己的伴侣变成所希望的样子时，你有什么感觉？

伊拉：“我觉得放松了，能更自如地呼吸了。我觉得更加松弛和自由，但也感到一阵恐慌，担心如果你变得更强了，我就会受到威胁。我开始意识到要让你照顾我是多么的困难，而当你变强之后，我又有什么理由让你留在我身边。”

12. 当你说出这句抱怨而伴侣不会改变时，你会怎么办？

伊拉：“在试图解决这个问题时，我希望自己有足够的内在力量维持与你的关系。我希望相信这不是我的错，不需解决这个问题，也没有要你做改变的必要。”

13. 要真正做到像以上那样的回答，你需要培养自己哪些方面的能力？

伊拉：“我必须了解并相信自己。在内心中找到一个地方，让我可以倾听你的要求，不必逃避，也不必觉得一定要做出回应。我必须相信你和我在一起是因为我这个人，而不是因为我能给你什么。”

14. 从对这个话题的练习中，你收获了什么？

伊拉：“我认识到了自己的需要，学会用一种关爱和同情的方式去对待自己。过去我觉得你太过依赖，其实是因为我希望自己得到更多的关爱。我纵容你的需要，是因为我害怕如果你不需要我了，就会离开我。”

15. 下一次当你再遇到同样的情况，或者对伴侣有类似的反应时，你会怎么做？

伊拉：“下次当我再感到你要求太多时，不会再认为是你的错。我将把注意力转移到自己的空虚感上，会用对你的生气程度来衡量自己的空虚程度，这将能帮助我看到自己的需要。而且，即使我们关系不再亲密，我也会努力去爱你和自己。”

当伊拉开始这个练习时，他认为是伴侣出了问题，对方必须做出改变，否则他们的关系就无法继续。而当练习结束时，他的感觉完全改变了。我们要他把注意力转回那句抱怨，以探索他此刻的感觉。“我感到很庆幸，我们共同做了这个练习。这个练习会帮助我记住，当感到来自你的压力时，我对于自我不足和你对于不被爱的恐惧（这是伊拉的伴侣在早先的练习中对他吐露的感觉）之间发生了冲突。我觉得有些害怕,但也有些兴奋，也许我们能够共同渡过这个难关。”伊拉发现，通向亲密的道路并不在于改变他的伴侣，而在于深入自己的内心，让对方见证自己的自我探寻历程，并带着对本质自我的全新认识回到要解决的问题当中。

如果你在尝试过这个练习之后，依然对自己或过去没有任何新的发现，或者对这个抱怨的感受没有多大改变，那么，请你在接下来的几天中继续探索。有时候，穿过层层防备抵达本质自我的内核，可能要花上一个月的时间，但是当你冲破了这些阻隔后，就会有豁然开朗的感觉。就好像你走出了黑暗、狭窄且令人窒息的通道，进入了一个开阔的空间。那里充满了光明和新鲜的空气，你会感到内心充实、头脑清醒、身体平静。

卸下性格的层层防备

随着摆脱了过分自我的控制，培养出健康的自我关注，我们就获得了足够的自信来超越防备，抵达真实内在。当伴侣的某些言行让我们感到困扰时，不会再用愤怒、拒绝或抵抗来回应，而是能够通过探索自身的反应来超越这种限制。这将把平静、喜悦或爱意以及任何我们最渴望的特征带入生活。我们本身比那些行为模式更为丰富，认识到这一点将加速消解性格结构中最坚硬的部分，并且让我们有能力挑战自我，走出补偿身份的高墙，大胆地展示出真实的自己，变得坦荡、柔软、清醒，并且活在当下。

卸下性格的层层防备，就好比蛇蜕皮的过程。在健康自我关注的帮助下，本质自我会获得越来越大的空间，我们也会随之变得更加灵活，不再因为生活环境的微小变化而大惊小怪。

这个自我探索的过程与“安全、舒适或控制”无关，只有以人格为核心的关系才需要那些。相反，我们有意识地冒险展示出自我和个人观点，从而认识到那个藏在性格之下的自我。在这项练习当中，我们要努力认识本质自我，而不是保护防备性自我。通过真实的自我表达，就能对自己的各种行为、模式、反应和信念完全负责，让自己的心胸变得更加宽广，坦诚面对练习过程中一切可能的发现。

有时卸下层层防备会很困难，有时防备又会自动消失。无论是何种情况，我们可以确定的是，只有当我们准备好不依赖于性格的保护去面对生活和情感时，防备才会完全消除。尽管这些自我保护方式不尽如人意，但它们根深蒂固，是我们所依赖的，一想到要脱离，不免还是会让人感到害怕。用不设防的方式生活，一开始会不太习惯，会害怕自己太脆弱、容易受到伤害。因此，在这里我们要明确的是，情感防备系统并不会那么容易消失，它绝对不会轻易地放弃，你要做好与它长期战斗的准备。

如果我们能与本质自我相连，就能够完全地活在当下，不被过去所困扰，并能与伴侣达成情感上的共鸣。我们会深深扎根于开朗、坦诚、强大、充满爱的本质，完全有能力带着同情心，自如而稳妥地应对生活中的每件事。我们对自我认知的渴望一旦得到了实现，就能超越种种限制和阻碍，完全不设防地去爱对方。

Chapter 7

超越冲动反应

如果我们最深层的价值观是实现“心灵的双重渴望”，与自己和他人建立不设防的关系，感受其带来的愉悦，那么，我们就必须转变思考的方向，不再把感情当成永久的保温箱（一个有求必应的地方）。一旦从亲密的情感关系中得到了支持和鼓励，我们就必须离开受控制的环境。要建立亲密感，我们就必须鼓起勇气，超越那些以性格为中心的行为带来的安全感和稳定感，让在亲密关系之旅中已经实现的亲密（或疏远）接受考验。

即便我们与伴侣处在一种健康的关系层面上，能以更豁达的态度去照顾彼此的需求，仍旧要选择维持感情的平稳和安定。以这种方式建立起来的安全感能帮助我们看到破碎自我认同，它提供了找寻本质自我所需的外部支持。然而，长时间保持感情安定会让人觉得像是穿了一件紧身衣。

请记住——你的内心就能给予你所需要的支持，为自己建立一个温暖而持久的环境。在你需要时，内心潜藏着各种能力和基本品质都会浮现。当你开始更多地体验到内在支持时，请不要迟疑，你必须坚定不移地向不设防的亲密关系迈进。

当我们要进行下一步自我探索时，很少会觉得已经完全准备好了。因此总是守着固有的方式，维持着感情的安定。就像小鹰太过胆小不敢展翅飞翔时，鹰妈妈就会把巢拆掉，让小鹰不得不去飞一样，我们也必须有意识地拆去“巢穴”，只有如此，才能了解不设防地相爱是那么自由。

本章将介绍五种条件，都是以性格为中心的情感关系的最高表现形式。如果太过固执地坚守这五种条件，就会阻碍我们向亲密关系靠近。尽管这些条件也可以推进亲密关系的程度，为发展健康的自我关注提供支持，但若强行将其定为爱情的终极目标，就会限制亲密无间的交流。这里有一个悖论：所有这些条件都在不设防的情感关系中自然产生，但它们是情感关系中出现的副产物，并非我们要达到的目标。但是，在抛弃原本依赖的、能保护我们免受情感伤害的这些条件之前，必须先经受其带来的严峻考验。

这五种条件可以用“REACT”一词来表示。来访者发现这个缩写形式十分有助于他们记住这五个阻碍亲近进程和亲密关系的条件。每当 **REACT**（冲动反应）发生时，历史就会重演，剧本往往就是来自童年家庭中未解决的问题。我们要求伴侣必须按照某种特定的方式行事，在感到威胁时会构建自我防备体系，这些基本上都是对于自己过去行为的反应。缩写 REACT 指的是：

1. 互惠（Reciprocity）：期望公平、平等，平等地付出和得到
2. 权利（Entitlement）：期望从外界得到应有的权利
3. 认可（Approval）：期望相互接受和肯定
4. 意见一致（Consensus）：世界观与自我认识基本一致
5. 信任（Trustworthiness）：信任并依赖伴侣

从表面来看，这些条件确实是在情感关系中所需要的，和我们大多数人的父母、祖父母对他们婚姻的期望相比，似乎更进步、开明。然而，它们就像是进步的阶梯，带领我们超越有安全感、能够驾驭的外部支持。要获得不设防的爱情，就得放弃对这些条件的依赖。

根据让·克莱因的观点，反应就是“一个未完成的活动……这个未完成的活动残留下来，就成为了你的记忆”。在情感关系中的各种反应源于我们过去记忆经验的影响，而不是来自于当下。而另一方面，他指出：“自发的行动与记忆无关。”在不设防

的情感关系中，行动具有自发性和自由性，我们有活在当下的能力——活在此时此地，直面当下的事情，而不总是做出基于过去的反应。随着我们逐个检查并放弃这五种以性格为中心的情感关系，就能培养出活在当下的能力。

互惠

关于这个问题，在阐述我的想法之前希望先听听你的想法。

——朗达，旧金山一位法庭律师

互惠关系的建立，象征着以性格为中心的情感关系到达了最高的层次。双方会兼顾自己以及对方的需要和愿望，双方都看重平等、公平，在付出和得到之间平衡。尽管互惠关系的建立能显示出感情的成熟，是一种积极的表现，但它仍然是一种斤斤计较的关系模式，可以定义为“只有你愿意这样，我才愿意那样”。

也就是说，我们在试图迫使伴侣回报自己。不论交易是实实在在的，还是在形式和性质上有所区别的，我们都认为这些交易必须拥有相等的价值。如果我们袒露了某些重要的事，那么也希望伴侣能袒露同样重要的事。如果我们给予对方某些有价值的东西，那么也希望伴侣能做出同样的回报。每一次情感的交流，都是为了保持情感天平的平衡。如果一方握有太多的权力，抑或是一方付出或接受得过多，互惠原则就会发挥效力，直到情感天平回归到平衡状态。这就存在着一个潜在威胁，那就是，如果有一方破坏了平衡，那么双方就会出现严重的问题。

在互惠的情况下，我们不再想要更深入地了解自己和对方，而是把控制对方的权力看得更为重要。这时，我们收起了亲切和温柔，把自己拥有的品质当成确保感情平衡的筹码。关注的已不再是彼此的坦诚相处，而是彼此交换的东西。我们袒露内心的时候绝不会比伴侣更多，当互惠原则被这样运用时，自我表露不再是发现自我和对方的途径，而仅仅是控制的工具。

当内心被自我保护的欲望所占据时，我们看重的不是交换和分享彼此的经历和情感，而是稳定情感关系的现状。我们在竭尽全力，通过谈判来解决问题或平息冲突，但这样做的代价，就是抑制个人的成长。

在爱情中，那些坚持互惠原则的人内心体验往往是“无力”的，或是“得不到满足”的感觉。当我们没有得到所需要的东西时，就会引发从前经历过的心痛、恐惧和拒绝发出警告。于是，我们就会竭尽全力想要避免面对和处理那些痛苦，这样就形成了一种保护模式，要在得到和付出之间取得平衡。

我们总是想要保证得到的和付出的差不多，这样做表面看来似乎是在尽力地保护自己，但是这里存在着一个隐藏的损失：当我们坚持互惠原则时，就是在根据对方是怎样的人来决定自己要做什么样的人。我们看对方付出多少，然后才决定自己付出多少。如果总是强求平等地付出和得到，就无法发现自己从情感关系中能真正得到什么，也就无法有意识地选择是否要维持这段感情。而且，我们也难以培养出真正的慷慨与大度，而这些素质正是原本我们渴望得到的。

＊ 单方面的自我探索和坦露

要发展亲密关系，就不能总是逼着伴侣回报我们，而是应该坚持自己单方面的自我探索和坦露。科罗拉多州“常青婚姻家庭健康中心”主任及作家大卫·施纳士发表过类似的看法：“情侣或夫妻双方中，即便只有一个人具备持续单方面坦露的能力，他们都更有可能建立良好的情感关系，成功地挽回错失的机会和不当的回应所带来的后果。”施纳士进一步指出：“在婚姻中，只有克服困难，努力保持自我，才能最终消除童年时期遗留的心结。”

这的确充满了巨大的挑战性。如果伴侣对于我们的付出没有做出回应，我们内心就会有“这不公平！”

的感觉。事实上，这的确不公平。然而，只有当我们把注意力从保持权利平衡上转移，全心全意地专注于个人的探索和担当时，才能真正发展出不设防情感关系的能力。也许刚开始这样做并不会有立竿见影的效果，但是随着时间的推移，我们不仅深化了与他人全面深入联系的能力，还将把自己从过去的束缚中解脱出来，不再拼命地要求他人用特定的方式与自己相处。这样，我们就不会花力气平衡彼此之间的权利，而是寻求一种内在的平静和稳定。

坚定地进行一方的自我探索和坦露，就不会把精力都用在保持互惠关系上，不用忙于检查自己是否满足了这种关系的潜在需要。当我们发现自己害怕被占便宜而无助时，就会意识到唯一的、真正的力量在于保持自己内心的平和。当我们发现来自于内心的力量可以做到坦然而无畏地回应任何不好的感受，不再依赖伴侣做任何事来决定感情好坏时，安全感就建立了。当我们能够在情感上学会“用自己的双脚站立”，不在乎伴侣做了什么，给予了什么的时候，才能最终完全接受真实的他们，而不是要求他们成为被要求或期望的样子。只有到那时，我们才能客观地了解自己从这份感情中得到了什么，这份感情是否令人满意。

互惠带来的保护只是一种幻觉，一旦我们看透了这个幻觉，就会发现：我们再也不需要什么公平或平等了。自我探索能够为我们提供自我表现的空间和鼓励，这是一种不设防的亲密方式。我们当然可以邀请伴侣也加入进来，但是，他们是否能够这样做，是否愿意这样做已不再影响我们的情绪。

权利

她总觉得自己得到的东西不够多，应该享有更多的东西。

——史蒂芬，德克萨斯州的承包商

许多人因童年时被忽视而造成了内心的伤痛，这些人后来通过努力，反而形成了一种健康的心态——认为某些东西“应该属于我”。而这种心态的成人版本就是“这件东西我一定要得到”，如果没有这种“我理应得到”的心态，就不会发现自己的需求和愿望，也不会学着表达出来。了解和表达需求对于成长和成功至关重要，也支持着我们走向更亲密的关系。

如果不确定自己是否应该得到某些东西，破碎自我认同就会觉得受到了挑战，以为自己没有价值、不值得被爱，于是，有时就会试图假装自己应该得到某些东西。这种情况通常表现为一种严格死板的权力或是别人欠我们的，我们有“权利”去获得它而决不能忍受失去。

检测我们对权利的感觉是否具有灵活性，最快的方式就是想象一下，伴侣拒绝给我们某个东西时，我们的感受是什么样的。如果我们变得自以为是、有敌意，或是觉得受了委屈，感到自我怀疑,那么这些信号就表明:你在试图证明自己有权得到这个东西。

有一句禅语说 :“当小偷遇到佛祖时，他看见的只有佛祖身上的口袋。”当我们试图要求伴侣来确认我们的权利，以弥补因感到不值得而带来的内心痛苦时，我们是在试图得到什么东西，而不是与伴侣真正相爱。我们在情感上成了小偷。相反，如果我们根植于自己的本质，我们的权利没有因为是否得到了想要的东西而受影响，就能真正做到胸怀坦荡和慷慨大方。

我们得到了一个绝好的机会，在一场讨论会上，向一些幼年时期曾在情感上遭到忽视的学员讲述了权利的问题。令人惊讶的是，有这么多人不了解什么是他们应得的，什么是需要别人允许才能得到的，以及他们是否可以得到哪些东西，这些问题给他们造成了巨大的感情痛苦。

在这些人中，一位年长的学员引起了我们的注意。他时而义愤填膺地发表关于权利的声明，时而陷入几近崩溃的困惑之中，不知道他所说的话究竟是不是“有理”。在解释自己内心的煎熬时，他似乎无法为自己找到一个舒适的位置：“如果我坚持维护自己的‘权利’，就会觉得自己很自私、傲慢、无礼、忘恩负义。如果我不坚持，又会觉得自己被践踏、被惩罚，好像我没有权利或者无法得到‘本应属于我’的东西。于是我开始憎恨、厌恶自己。”如果情感关系中出现了这种纠结的情况，也难怪双方的交流会变得混乱，无法找到令人满意的解决办法。

当我们得到了自己有权得到的东西时，情感上的痛苦就暂时消失了。但是，由于权利感在建立开始就是有缺陷的（我们的破碎自我认同），永远也无法得到真正的满足。事实上，我们被困在了一个充满防备、以性格为中心的状态当中，试图得到更多，以此来提醒自己是完整的。我们认为只有“得到”才能显示是被爱的，“得不到”就说明毫无价值。因为无法忍受这种想法所带来的痛苦，于是指责伴侣不愿或不能给予我们有权得到的东西。这种权利感的核心是对自己的不信任，也就是说，我们无法给予自己所想要的。

事实上，有自己的需求和愿望，的确是我们的权利。但是，我们无权要求整个世界（或者伴侣）来满足我们的需求和愿望。如果能放弃要求伴侣给予我们应得的东西，就会看到呈现在眼前的一切，看到当下时刻给予的馈赠，开始感到自己的存在更加充实。这件事本身就会给人带来欣喜和活力，我们对满足需求的渴望就转变成了感激之情。只有这样，通往不设防亲密关系的道路才能打开。

认可

如果得不到持久的肯定，我就会觉得要发疯了。

——沃伦，记者、小说家

我觉得自己为他所做的每件事的潜台词都是："我做得对吗？""你对我满意吗？""你还想要什么？"

——帕特里卡，三个孩子的妈妈

在以性格为中心的情感关系的早期阶段，给予和接受认可是非常重要的。许多人都因缺乏积极的"映射"而感到受伤，在我们对自己与生俱来的完整性建立足够的信心前，获得足够的外界认可是至关重要的。然而，当把希望完全寄托于外界的认可时，就无法实现自我的转变。把重心转到以本质自我为核心的情感关系时，就能把所得到的积极"映射"作为辅助工具，帮助我们找到来自内心的自我肯定。

要求伴侣满足我们的需求并接受我们，这种要求的背后其实是对自己不完美、不充足的恐惧。我们缺失了某些东西，于是企图用外在的肯定来遮盖身上的这些“瑕疵”。遗憾的是，我们仅仅是把洞口盖上了，并没有将整个洞填满。

许多情侣或夫妻会有意识地彼此称赞，这会在不经意间建立起互相恭维的关系模式。这样,他们不仅没有通过积极的外部“映射”培养认识自我内在价值的能力，反而让彼此更加依赖对方的恭维。

运用不设防理论的实例：布莱恩和托尼

布莱恩和托尼是一对来自美国俄亥俄州的情侣，相互称赞的方法对于他们非常奏效。大家都认为他们是一对模范“夫妻”，他们平等地相互支持和认可，在朋友圈里是一个亲密关系的典范。布莱恩在尝试新事物时需要得到鼓励，托尼就会满足他的这个需要，帮助他战胜根深蒂固对失败的恐惧。而托尼认为自己相貌平平，于是布莱恩就总是赞美托尼很帅气，给他信心。

在婚姻的早些年里，他们认识到彼此都需要得到许多肯定，来抚平旧时的情感创伤。然而，他们过于依赖这种相互称赞的方式，结果弊大于利。他们没有有意识地选择自我成长，但人生成长的趋势势不可挡，生命终将会带他们进入下一个成长阶段。

布莱恩失去了市场研究员的工作。几个月过去了，还没有找到新的工作，他开始感到倦怠消沉。“我早上无法起床，开始迷失了自我，极度抑郁。托尼却不理解我的艰难处境，我真的要发疯了。”

在全职工作之余，托尼开始感到巨大的压力，他不得不同时满足自己和布莱恩对积极认可的需要。因为他们都以为，认可是需要从外界获得的，所以迟早两人当中的一个会开始向外寻找第三者，以此寻求满足。这时，托尼的咨询公司中有一个同事开始向他献殷勤。为了躲避布莱恩神不守舍的目光和下班后抑郁情绪的影响，托尼开始慢慢陷入同事的引诱当中，最终在一场销售会议之后与那个同事偷了情。“我感到非常沮丧，没有人支持我。而这个人，却让我感到被关怀包围着。我只是想再次得到那种良好的自我感觉。”

在这件事之后，托尼和布莱恩之间的关系几近崩溃，但幸运的是，在这个案例中，财产问题（他们刚购买了房子）让他们没能轻易地分手。于是他们被迫停下脚步，审视之前发生的一切。他们认识到，自己一直以来都在要求对方给予称赞，并且已经习惯于这样的方式，以至于无法忍受没有称赞的生活。

只要他们的生活风平浪静，那种相互称赞的生活方式就不会受到威胁。但对于大部分的情侣或夫妻来说，总有那么一两次，感情会走到一个十字路口，不得不接受成长的挑战。对于布莱恩和托尼来说，这个十字路口就是：他们都不能够为了对方的利益而置自己的需求于不顾。以前，他们其中一人必须全力来鼓励和支持对方，但是这次两人都感到精疲力竭。对于布莱恩来说，为了找寻新的工作，他不得不面对内心中最大的恐惧，去外面的世界冒险闯荡。在这个令人生畏的任务面前，他无法再支撑托尼的自尊。而托尼则转向其他地方，寻求得到赞美。

现在，许多年过去了，他们之间建立了一种更坚固、更深的关系，这样的关系更令人满意。他们已经放下了许多情感上的防备，经历了情感关系中这段曲折而珍贵的挫折，最终发展出了新的相处方式，这是在之前的关系模式中无法得到的收获。“在处理这场出轨事件的过程中，我们都认识到：在过去，为了保护心中的安全感，我们限制了爱情的更多可能性。”布莱恩告诉我们：“尽管经历这一转变的过程是痛苦的，但对我来说，那段经历的收获胜过了和平时期所得到的所有鼓励。我第一次真正感到能够信任托尼，感到我们在共渡难关。”而托尼也有着同样的感触，他说：“我仍然不敢相信我居然有外遇，但从这件事情上，我看到了自己是怎样过于依赖布莱恩的，而从前却根本没有觉察到这些。我利用布莱恩的认可来帮助自己躲避一个真相，那就是我并不那么喜欢自己。找到了这个真相后，我觉得自己应该做出一些改变。”

当我们无法得到外界的积极评价而被迫面对消极自我评价时，就可以充分利用这个机会从中受益。我们不应再继续要求得到赞许，而是必须把注意力转移到认识自己的本质之上。由此，我们不再需要外界的评价来支持脆弱的自我，实现自我接受，不再需要伴侣一个劲儿地对我们说溢美之词，就已经能够以亲密而充满爱的方式与他们相处了。

共识

每当我们之间意见不一，无法达成一致时，我就会崩溃。除了放弃别无选择。

——黛比，软件公司销售部副经理

要认可和接受你的意见，我就必须贬低自己的意见，或者放弃这份爱情。

——路易斯，俄亥俄州立大学的研究生

要建立亲密关系，以此来疗愈我们的破碎自我认同，需要具备与伴侣保持和谐或“心有灵犀”的能力，这至关重要。因此，在一个稳定关系的早期发展阶段中，具备意见统一的能力是一个必要的先决条件。它要求我们能够开放地接纳他人的观点，把他人也包容在自己的内心领地之中。这样，爱情的双方就能求同存异，分享从自身和世界中获得的经验。如果我们有能力与伴侣达到足够的和谐统一，建立起亲密的关系纽带，就能够进入感情的下一个阶段。

我们期望与他人达成意见一致，通常是为了遮掩内心中未得到解决的感受。这些感受是人生对于分离感的最初体验，发生在胚胎期、婴儿期或早期童年。在成年后，当伴侣使相似的分离感再度出现时，早年经历就会浮出水面。如果彼此意见无法一致，就会陷入分离的焦虑中。通过与伴侣和谐一致，就能逃避童年时期痛苦的焦虑或孤立。

我们时常抱怨沟通不畅，不被理解、倾听或重视。每当这时，就会想要伴侣看待事物的眼光以及想法都和自己一样，否则 ，我们就会感到沮丧或焦虑。

有些人因为感觉不到自己在观点、需求或情感上的“正确性”或“正当性”而痛苦不堪。我们没有直接去处理内心冲突，而是依赖伴侣的赞同，这样才能够安心地表达观点。我们从来都被教导通过他人的认同来证实或支持自己的内心想法，那么当彼此意见不一时，会发生什么呢？即使我们知道，观点和真理都是相对的，会因价值取向不同而有所不同，但在情感关系中，还是会时常认为彼此产生了不同意见。要么放弃自己的观点，要么拒绝伴侣的观点防止感情破裂，这种态度并不是真正在追求意见一致，而只是无法容忍分离感或冲突。

当我们在情感关系中失去了自我时，事实上，就是失去了感知自我的能力。当与对方意见不合时，我们会觉得对伴侣的痛苦负有责任，或者为此感到内疚。我们在处理情感问题时力求意见一致，如果伴侣持有相反观点，我们就觉得自己仿佛不存在了。但是,为了表达出我们独特的观点,又必须将自己与对方分离开来。

因此,我们要具备这样的能力:既能在意见不一时坚持自我，同时又能将情感关系维持下去，直到问题得到有效的解决。具备了这种能力，就在实现不设防情感关系的过程中树立了一个里程碑。坚持自己的观点，并不等同于严防死守自己的立场，能够以同样的精力和热情去检查双方的观点，这是一种成熟的表现，它让我们认识到：在双方的两种意见之外，还有第三种更为客观、更具兼容性的现实，等待着我们去发现。

当我们无法与伴侣达成意见一致时，刚开始可能会感到情绪很糟糕，但通过学习去面对和容忍这些情绪，能够培养出一种自我安全感，并且这种安全感不依赖于另一个人的赞同。我们不再依靠防备或外部条件来支持自己，就能感觉到完整。如果触及到了本质自我，那么，在伴侣表达相反的意见时，我们依旧能感觉自己是完整无缺的，同时用开放的心胸去迎接他们的观点。最终我们会发现,尽管意见不同,但本质自我并没有真正与伴侣分离。

信任

我总是等待着"别人扔来第二只鞋"[①]，提心吊胆地搜索着周围环境中的潜在危险。

——埃德，电视节目制作人和单身父亲

她把一切事情都灾难化、糟糕化，疑心太重并且对外界缺乏信任。

——安，福罗里达州的土木工程师

当你信任自己的伴侣时，期望他会为你做些什么呢？也许会相信他能照顾你，温柔地对待你，爱你，说实话，保护你，陪伴你，关注你的需求，或治愈你的伤痛。这些都是我们的来访者被问及这个问题时所给出的答案。

我们在寻求情感关系中的信任时，考虑的问题通常都是关于可靠性、可预见性和一致性。相信期待发生的事情终将发生，伴

① 原文为"wait for the other shoe to drop"，是英语中的习惯用语，意思是提心吊胆地等待最后结果，描绘一种期盼等待的心理状态。

侣会一直忠诚;他们答应要做的事情一定会做;他们会坚守诺言、照顾我们。我们努力追求或渴望这种信任,这本来无可厚非。在情感关系的早期发展阶段,这种信任是建立健康关系的必要条件。

然而,要认识到,在情感关系的某些阶段中,如果要求伴侣带给我们的信任感和可靠感的目的是为了我们自己获得安全感和放松感,那就等同于在要求伴侣承担保护我们感受的责任。这样,我们就是在把自己的感受交给他人去照料。

在这种情况下,我们并不是信任伴侣,而是试图把自己"托付"给他们。这个阶段的信任是一种初级的信任,每一个婴儿都理所当然地需要并依赖这种信任。可以用一句简单的条件句来概括:"如果你爱我,就不会伤害我。"大多数人都知道,如果在情感关系中过分坚定地信守着这个期望,守了很长的时间,将会发生什么。

艾莉是一位年近四十、轻声细语、为人和善的女性,她告诉我们,她走入了一场"盲目信任"的情感关系。希望一切都能顺利,于是以信任之名,将许多问题都掩盖了起来。当然,这段感情很快就瓦解了。艾莉开始认识到,她对信任的理解类似于蒙着双眼走上车水马龙的马路,却还期望不被任何人撞到。我们会躲进"盲目信任"的避难所,是因为这既舒服又容易:它让我们躲避真相,而真相通常是复杂而令人不悦的。

这个初级阶段的信任有太多的限制，如果任凭它这样下去，就会阻碍我们的个人成长。人生是错综复杂、充满困惑的——有时候还漫无边际、一片混沌，我们的理解和期待越是狭隘和有限，就越觉得自己受到了欺骗。人生同样也是漫长而广阔的，许多意想不到的情况都可能发生。期待一切事物都按照我们的喜好去发展，这是很不现实的，也为悲剧的发生埋下了隐患。

把头深埋在信任里不愿面对现实，也许会遭遇背叛。在情感关系中信任时而被建立时而又被摧毁，当信任破碎时我们感到愤怒、震惊或幻灭，就会被迫走出狭小的栖身之地，促使我们去发掘自身的能力，以应对人类各种复杂的生存环境。只有不再要求人生按照我们想要的方式进行时，才能真正开始成长。

在情感关系中，坚持信任能掩盖我们对于破碎自我认同的恐惧。为了逃避这些恐惧，我们相信伴侣会仅仅“映射”出我们希望看到的自己，相信伴侣不会对抗我们的行为或信念。任何与期望不符的回应都被视为背叛，因为我们相信如果伴侣爱我们，就不会触发我们内心不舒服的感觉。

随着我们越来越成熟，越来越渴望亲密地相处，就必须要学着自己面对人生。我们可以选择信任自己，相信自己有能力说出并听取事实，以一种开放的、不设防的方式来回应，以此取代对伴侣的要求。我们更愿意面对事实，而不是陷入安全、舒适和控制的领域。

如果我们能做到的话，就超越了那些以性格为中心的关系。不再因为无法容忍某些感受而将自己托付给他人来保护，我们相信自己有能力应对任何可能发生的事情。这样，就能看清事情的全貌，而不是只看到那些感觉安全舒适的部分，也就能逐渐卸下防备，对出现的问题做出恰当的回应。

不设防地相处

互惠、权利、认可、意见一致和信任这五个条件，帮助我们逃避脆弱、无助、控制和拒绝，维持着以性格为中心的情感关系。其实，所有这些所谓的“消极”感受都来自于内在破碎自我认同的残缺体验。这些情境让我们从中学习直面自己的失望和恐惧，发掘出内心的资源，为我们建立更为亲密的情感关系打好基础。随着我们放弃了对舒适条件的执着，最终会体会到无条件的爱所特有的自由和喜悦。不再要求别人来满足自己的喜好，我们可以自由地、真实地彼此相处，没有戒备，没有恐惧。

Chapter 8

放下才能得到

当我们不再为了保持亲密而要求伴侣按照那五个条件行事时，会发现内心有一种潜在的迫切感或渴望，也可定义为一种深层意义上的需求。这种不断增多的需求会带来各种各样的不适感，比如焦虑、绝望、沮丧、生气、受伤或抑郁。一旦认识到，要彻彻底底超越有条件的爱，需求发挥着多么重要的作用，我们就不再会有要感觉“更好”的冲动，取而代之的是想要感觉“更多”的承诺。

某种程度上，大多数人衡量情感关系好坏的标准是是否“满足我们的需要”。正如我们所见，仅仅是力图得到更多的满足，而不是建立更深层的关系会降低情感关系的成熟度。当我们的需要没有得到满足时，如果能学会忍受由此引发的不适情绪，就会将注意力转移到那些沉睡在身体里的本质特征上。要想让我们的需求真正得到满足，只有先将它放下。

在人生的历程中，我们的需求会经过几个不同的发展阶段。也就是说，如果在人生的一些重要时刻，某些需求没有得到满足，今后就会在成人情感关系中没完没了地追寻这些未完成的需求。当我们学会驾驭自己的需求，而不是强行满足它们之后，情感关系就能从依赖转变为健康的亲近，并实现不设防的亲密。本章将深入探索情感需求的起源，看看它们是如何一步一步发展成熟的。

需求的发展进程

在婴儿时期，完全依赖周围环境来满足我们的需求。由于我们是完全无助的，所以需求有着很高的紧迫性。我们就是由不同的需求组成的，尽管情感需求很重要，但和肉体的存活需求相比仍然是次要的。如果一个一周大的婴儿在感到饥饿后几分钟内没有得到食物，体内储备的养料就无法支持他继续活下去。他会感到生存危机，很可能会大哭大闹来引起大人的注意。如果肉体上的需求长期得不到满足，他的情感健康也会受损。

随着孩子不断长大，会渐渐有能力应对没有立刻得到满足的需求，也可以忍受一小会儿的饥饿和疲惫，容忍外界环境回应稍稍延迟。如果一个孩子在支持的环境中生长——这个环境能够“喂养”他的肉体、情感以及精神，就能学会用一些健康的方法来克服环境中的挫折，以支持自己的成长。

需求是一种自然现象。在健康的环境中，随着孩子渐渐长大成熟进入成人世界，需求对他的驱使会越来越少。情感健康的成人能认识到，选择和机会总是有的，他们能够灵活地应对人生中的各种挑战。健康的情感能培养出透明坦率的性格，在自然而然的状态下呈现出自己的需求。

* 情感需求的发展趋势

我们都曾有过这样的感受：觉得需要得到情感上的支持和认可，简直无法容忍得不到这些。我们也知道，无论是否真的能得到支持，感受最终都会归于平静，不会再对其有所执着。这就是情感需求连续发展的两端。

◆情感需求发展链

需求	→	愿望	→	渴望	→	向往	→	无求
Need		Want		Desire		Preference		No Preference

在健康的成长过程中，我们先是冲动地决定和掌控如何满足自己的需求，但渐渐地，我们会越来越能接受人生的馈赠，越来越感到知足。正如得道的大师们所说的，人生最高的境界，就是不再需要外部事物为我们而改变——即无求。每件事物都有着同样的价值。这根链条也反映出情感关系是如何由亲近一步步发展为不设防的、未经雕琢的爱情。

然而，情感的自然健康发展难免会受到干扰，因为很少有人在童年期内心不带着些恐惧和痛苦，它们与我们肉体和情感上的需求体验息息相关。因此，此刻的情感需求如同威胁我们生存的肉体需求一样迫在眉睫。正如一周大的婴儿会哭喊着要喝奶，当我们认为情感需求没有得到满足时，也会在情感层面上发出“哭喊”。我们向伴侣提出一个简单的要求却没有得到令人满意的回应时，内心就会感到激烈的情绪抵抗。很多人肯定都有过这种体会，这是因为，我们在需求上的挫败，引发了婴儿和孩提时期的脆弱和无助感。

这些反射行为中隐含着重要的线索。我们的需求越是紧迫，控制欲越是强烈，说明在童年时期需求未得到满足的起源时间就越早，成年的我们就越是无法感觉良好。要想把我们从过去经历的控制中解救出来，必须学会检查自己的需求，而不是去满足。这样需求就成了向导，带领我们走向本质自我，误以为自己缺失了的自我。

*** 允许我们的需求**

要提高情感成熟度就必须先知道，需求的感觉是什么样的。对于有些人来说，由于童年时期需求未被满足而体会到无比强烈的痛苦和恐惧，以至于他们最终完全否认了需求的存在。我们研究中心曾对五百多位来访者和静修者进行了长达七年的研究。该研究显示，33% 的研究对象表示他们无法识别和表达需求。因此，我们需要找回自己的需求，这是情感发展进程中的一个重要开端。

运用不设防理论的实例：莱斯和凯特

一位叫莱斯的人前来向我们求助，他在一家中等规模的设计工程公司任经理职位。他的妻子最近总是让他“提想法”，如果他不先说，自己也就不提。“一方面，我觉得这很好，”莱斯解释说，“我总是因为凯特需求太多而感到压力（尽管私底下很佩服她的这种能力），她总能满足我的需求，而我却不能。但是另一方面我又感到很生气，她以为自己很了解我，竟然来暗示我压抑了自己的需求！”

他们就这样僵持了几个星期，凯特默默等着莱斯说出他的需求，而莱斯除了抗拒还是抗拒。后来莱斯开始发现问题的严重性了，他不仅失去了了解自己需求的能力，甚至连自己的基本感觉也不了解。“这真让我烦透了。我猜想这是一种感觉，对吧？我觉得凯特很过分。这也是一种感觉，对吧？”然后，莱斯开始明白凯特抱怨的事情是对的。“我意识到，如果我的确体验到某种需求，那么这种需求的出现仅仅是为了和凯特的感觉唱反调，赞同或反对都不是我自己的想法。”

在莱斯探寻自己无需求模式的根源时，他说自己的父亲脾气十分反复无常。“我们与他相处时如履薄冰，所有人都必须关照他不要再酗酒。我甚至想不起，曾经是否想过要得到任何……任何我想要的东西，那么……看来我是为了躲避失望，而压抑了自己的需求。”

莱斯知道，唤起自己的需求并不是件容易的事。一旦他开始这一过程，过去那些伤痛以及憎恶都会被激发出来。但是，为了能够重新找到感知情感的能力，他愿意忍受痛苦。“我想知道自己的内心到底在发生什么。现在，我觉得自己像一个巨大的空洞，仿佛只有一个躯壳。我再也不想用凯特来填补我世界的空白了。”

莱斯在我们的指引之下，开始接受训练。我们建议他设定手表闹钟，每小时响一次。每当闹铃响起，他都必须无条件放下手头的事，停歇五分钟，并记录下当时所有的感觉和感知。从每一天的开始到结束不断完善这个清单。“起初我什么也感觉不到，后来就开始为这种情况感到愤怒，最后我意识到，至少那是一个开始。”我们鼓励他把呼吸放长、放慢，用腹部做深呼吸，以此来帮助他将注意力转移到内心。

一个月之后，他开始定期在每一天问自己，那一刻的需求是什么，但内心给到的回答“经常是‘什么也没有’或者‘我不知道’。于是我开始用很简单的方式列出每件我认为自己可能会需要的东西。我问自己渴不渴，如果不确定，我就喝一些水，看看能否找到答案。经过一段时间，我开始感觉到饥饿、温度和肯定的一些需求。这和我父亲中风之后的经历差不多，对于每件他从前习以为常，现在却无法自行完成的事都必须重新学习”。

对于莱斯来说，重新与自己的需求建立联系是一个重要的进步。他的下一个任务就是学会把需求当成导航工具，帮助自己发现原有的完整性。

当我们产生需求时，一般不是强行压抑就是不由自主地满足它们，或者把注意力转移到其他地方。不论用的是哪一种方式，注意力都仍旧停留在需求这个层面上：我们是在和需求建立关系，而不是与自己或伴侣。一旦认识到满足需求只是一个暂时的办法，就能克制想要满足的冲动，自己就开始“成长”了，而不只是盲目地去“填满”需求。当停止疯狂地追求自认为需要的东西，同时更深入地探索需求带给内心体验，就实现了感知自己深层渴望的能力。如果我们能清醒地意识到，既然我们害怕需求有可能不被满足，那么如果做到既不把恐惧赶走，也不诚惶诚恐地沉浸其中，就能鼓足勇气支持自己战胜恐惧，并培养出亲密的内在能力，单纯地感受自己的需求。

尽管刚开始，自己的需求没有被外界满足，会让人产生严重的不适感和焦虑感，但最终你会发现不好的感觉总会过去，我们可以挺过这样的过程。慢慢的，我们开始发展出健康的方式来支持自己，面对人生中不可避免的挫折。安抚自己并不是说每件事都要感觉更加舒服，而应该是在经历的过程中给自己支持。

下面列出了六位来访者找到的自我安抚方法。阅读这个清单时可以想一想，在遇到不好的感觉时，你是如何支持自己的。

戴尔：我会出去走走，尽可能不去改变内心的想法，同时确保不让脑子过早下结论，也不会让它编造故事使自己对于发生的事感觉更好或更糟。

安妮：我会专注于自己的呼吸，让呼吸绵长而舒缓，让感觉像海浪一样自由来去。

马克：我会控制住自己，把一只手放在胸前心脏的位置，另一只手放在腹部，并且提醒自己，我很好。

兰迪：我会泡个澡，完完全全地感受整个过程。

谢里尔：我会画出这些感觉的样子，试图在意识中给它们留出更多的空间。

安妮特：我会把自己的各种感觉和感知都记录下来，克制自己不要让悲观或恐惧影响了自己的正常生活。

* 培养愿望的能力

随着战胜恐惧所需的内在力量不断增强，需求会转变成为更成熟、更自由的能力——即“愿望”。有些人会发现必须再次唤起产生愿望的意愿，因为愿望可能在一次又一次被拒绝后尘封已久。在这个阶段，我们的挑战同样是要学会感受愿望，而不是实现和满足。

对于大多数人来说，愿望不可避免地与“实现”相联系。事实上，当我们告诉来访者，成长的一个重要方式就是提出愿望而不是关注于“实现”，不少人会惊异地睁大眼睛。当我们想要某样东西时，总会以为满足自己的唯一方式就是得到它。但如果只是单纯地体验愿望本身，而不急于去得到想要的东西，就可能体验到一种深层意义上的充实感和满足感。单纯地感知与“放弃”是两回事，放弃是我们要么认为自己不配得到，要么是经历了太多失望以至绝望和崩溃。

如果我们只是保持想要的愿望：了解它，表达它，与它保持完全的联系，就会在这过程中找到另一种满足。尽管这似乎令人难以置信，但是你不妨试试看。

可以找一位你信任的朋友一起待半个小时，在他面前完全自由地表达出你的愿望。你可以躺下来，设定好时间，然后大声地、尽可能多地说出你的愿望。与每一个愿望紧密联系，允许所有的感受经过你的身体。你也许想获得一段令人满意的感情，想要与伴侣深深相爱，想要更自如地表达感受，或者想要自己在工作中的贡献得到赞赏。在参与这一过程时不去想是否会得到，仅仅只是专注于愿望本身。请用一句话来表达，克制自己不用去解释为什么想要。

我们在帮助许多人进行这一过程时发现，所发生的转变是惊人的。几乎每个人最后都露出了微笑，感到非常平静。在治疗开始之初，大家都明显表现出紧张的神情，但一小时之后，治疗室里就洋溢着一种满足而平静的感觉。拥有了提出愿望的自由，完全地作为自己而存在，这使我们扎根于深层的自我之中。如果我们不再试图满足每一个愿望，就不会被随之而来的期待、失望、顾虑和沮丧等情绪撕裂。当能够识别和接受自己的愿望，不加抑制或评判，并允许我们的回应简单地存在着，就会感到内心更加平和。所有因愿望没有实现由此产生的情绪就会消散，我们会感到充实而轻松。许多人在完成这一过程之后发现，和之前相比，自己已不再那么执着于满足愿望了。

在日常生活中，我们同样也可以运用这一方法。全然感受心中的愿望，并进一步容忍愿望得不到实现，就学会关注自己以前所忽视的充实感。

*** 生成渴望的能量**

随着我们满足愿望的需求减少，自我支持的能力增强，愿望阶段就发展为更成熟的“渴望”阶段。这与先前的需求和愿望阶段有所区别，前两个阶段的特点是要求获得即刻的满足，而当我们有了渴望的能力，在没有满足的情况下也能够自我支持。

进入感知渴望阶段是一次重大飞跃。大部分情况下我们感到缺失或需要某些东西时才会产生需求和愿望;而渴望则是对某些东西很感兴趣,有着强烈的向往。

当我们开始训练渴望的能力时，重心就靠近了本质自我领域。因为渴望是可以自己不断产生出来的。它来源于本质，与过去得到或得不到的东西没有关系。当渴望产生时，仍然会迫切地想要实现它。但是这种体验不再是非生即死那么重要，也不再有“非得到那样东西不可”的念头。

运用不设防理论的实例：史蒂夫和萨拉

史蒂夫的情感关系一直进展得很顺利，他学会了在需求浮现时只是去感受而不是去满足它。当他想要某样东西而伴侣萨拉不愿或无法给予时，也有能力管理好自己的情绪。可是最近，史蒂夫注意到一些问题：他渴望与萨拉建立更深层的关系。

他描述这次感觉有什么不同的地方："这不是需求，因为我的内心没有想去马上满足它；这也不是愿望，因为也没有迫切地想要控制或强求得到。"他告诉我们，这种感觉更加放松，却也不至于让人忽略。他感到的不是一种压力，而是一股有力的支持，让自己向感兴趣的东西不断迈进。

史蒂夫所描述的就是渴望。渴望给人以自发主动的感觉，但却不会迫使人仓促行事，或疯狂地想要达到目的。

* 向 往

渴望的下一步就是更为成熟的向往阶段，这与前几个阶段之间也有是有区别的。等我们到达向往而非渴望、需求或愿望的阶段时，就能够靠本质自我去生活了。我们只是稍稍关心一下自己的欲望能否得到满足，即使没有得到也不会产生任何痛苦的情绪，行走在人生道路上会有更多的自由和灵活性。这并不意味着我们麻木地活着，对想要的东西没有足够的兴趣。只是说，对于欲望是否得到满足这个问题，能更加平和地对待，因而内心中的冲突、压抑、紧张就会显得非常微弱。

* 无 求

过了一段时间之后，我们会感觉欲求越来越少，直到完全“无求”。这时，我们已经把重心从设防的性格上移开，牢牢根植于本质自我当中了。当我们对所有的体验都同样重视时，就不会再偏爱某一个而厌弃另一个。我们不会抗拒那些所谓的负面体验，也不会过分沉溺于偏爱的体验。无求并不意味着变得迟钝、退缩或麻木，而是保持开放的心态，坦然迎接人生带给我们的一切。

《信心铭》这本书相传是由中国禅宗三祖僧璨所著，他在其中最早指出了，每个生命都有神性，也就是说，我们每个人都能够开悟。怎样才能开悟呢？那就要培养无求的能力。他写道："至道无难，惟嫌拣择。但莫憎爱，洞然明白。毫厘有差，天地悬隔。欲得现前，莫存顺逆。违顺相争，是为心病。不识玄旨，徒劳念静。"

当我们从渴望和欲望中解脱出来后，就能更加全心全意地去感悟人生。你会感激一切际遇，不再通过需求、愿望、渴望或欲望去改变什么，而是体会自身的活力和自由。无求时，你会发现自己拥有了一切，且获得了成熟而亲密的情感关系。

不冲动的惊人力量

要做到客观、无求，就必须有不做反应的能力。我们在做出冲动反应的时候不可能保持客观，因为让我们做出反应的是过去：我们是在"激活"过去。而要实现无求，则必须活在当下。

我们很容易就会发现自己是否在做冲动反应。做一个测试，如果有人对你说"你穿着一件黄色的衬衫"，而事实上你穿的是蓝色的，你会有什么感觉？也许会觉得无所谓，或怀疑那个人的眼睛有问题。但当有人对你做出某些评论，让你觉得不舒服，那么他们的评论就一定会激发你的冲动反应。还记得我们在第三章里提到的吗？你的冲动反应所显示的就是那个“受伤的脚趾头”，需要你特别细心关照。

要想培养不做冲动反应的能力，可以尝试以下方法：如果你以往总是大叫，那现在就不要大叫；如果你通常想要改变对方的行为，那现在就克制这种冲动；如果你习惯号啕大哭，那现在就努力忍住眼泪；如果你得不到满足时会开始抱怨，那现在就请闭嘴。

千万别小看不冲动的力量。在这个练习过程中，最重要的一点就是当你做出冲动反应时，观察一下注意力集中在哪里。例如，如果大叫，那么你的注意力就被转移到了冲动的举止上，这样就远离了自己的本质，抛弃了在当下的感受。可以尝试这样做：放弃平常所做的事情，感受当下的感觉。如果你不做冲动反应，就能保持注意力集中。在停下的一刹那，就开启了一扇门，向全新的体验又进了一步。

等待发现财富

在我们寻找不设防、没有修饰的情感关系过程中，穿越了情感需求发展链条上的每一个阶段（需求、愿望、渴望、向往、无求），渐渐地解放了自己，不再依赖外界的支持，最终认识到：一切成功之源都潜藏在自己身上。我们可以依赖自己，并将重心转移到了本质领域，不再需要伴侣给我们带来安全感和价值感，不再要求伴侣让我们感到舒服和被爱，提醒彼此去反思爱情当中每一个沉睡的、无意识的、矛盾的地方。即使双方再次发现彼此之间一些令人无法容忍的问题，感情难免还是会出现紧张和不适，但这种真实的相互映照，会帮助他们摆脱过去那些尚未解决的问题，找到本质自我。

遗憾的是，想从看似安全的、以性格为中心的限制性关系转变为有无限可能的、不设防的亲密关系，并没有一个简单的成功模式。这种关系不会让你满足需求或忽略自己，不会要求有互惠、权利、认可、意见一致和信任等条件。对于不同的伴侣，成功之路也各不相同，它取决于爱情双方的情感深度和成熟度。

但是，有一点适用于我们所有人：要超越以性格为中心的关系，我们必须经历挫折，控制自己的需求和愿望，并与随之而来的情感痛苦做斗争。

如果放弃这些安全感和可控性，放弃满足需求，我们可能会在刚开始感到焦虑和不适，并陷入更深的恐惧之中。有些来访者用非常夸张的语言描述了这种体验：“我宁愿吃玻璃，也不愿有这样的感觉。”“当他发火时，我看着他的脸，感觉心中有一千扇门被猛地关上了。”“我宁愿自己的脑袋被砸一榔头，也不愿去招惹她。毕竟，我知道被榔头砸过之后的疼痛终究会消失。”“她一出现我就僵在那里了，直到重新找到自我时才能恢复。”但是，如果我们想培养更亲密的关系，那么这些体验就是必须得面对的。

意想不到的是，只要我们能时刻活在当下，成功之源就会显现。“心灵财富的美妙之处就在于：它一直存在，等待着有人去发掘。”电视剧《双峰》（*Twin Peaks*）中的占卜者伐木小姐这样告诉我们。

“在哪里才能寻见这样的财富，一旦找到，就能让你有享不尽的幸福？我想我们都知道这样的财富是存在的。有人说它就在我们的心中……这很奇怪，既然它这么近，为什么找到它却那么难呢？”放下需求，才能真正得到满足。尽管要经历不舒服的过程，但努力会得到丰厚的回报，那就是——无限的喜悦、无法衡量的爱、人生的意义和自由。

Chapter 9

你想要的到底是什么？

随着我们进一步消除防备，会进入一个让人更加无法忍受的不熟悉的情感地域。在发生激烈争执或情绪崩溃的时候容易迷失方向，这时我们尤其需要备一个方向盘用来引导。其实，我们的本质特征就是一个可靠的方向盘，而矛盾的就是这些特征根植于痛苦的根源——需求和愿望之中。正如在第八章中说到的，需求能带领我们走向成熟的“无求”阶段，能够帮助我们找到本质自我。

从“固有观念和行为策略表”（参见第四章）中，我们发现，每一个破碎自我认同的需求和愿望都与本质自我特征相对应。尽管从童年时期带来的紧张和挣扎蒙蔽了这些特征，但它们始终存在于心中。因此，情感关系并不能给我们想要的完整、平静、自由、喜悦和爱，它们只是反映了看不到的自我，从而帮助我们认识到这些自我的本质。一旦我们恢复了那些本以为丢失的特征，就在找到真我的路上迈出了一大步。

在追寻需要和愿望的过程中，我们就会找到心灵的深层渴望。在本章中，我们将了解到，当我们在情绪上感到缺失、孤独或无力承受时，心灵的深层渴望是如何像指南针一样给予指引的。通过识别这种渴望，我们将超越当下的情感关系阶段，实现一种自由、崭新、无拘无束的爱情。

自我探索：跟随你的需求回家

在第四章中探讨固有观念时，大家曾说出最需要或最想从伴侣身上得到的三样东西，比如：被接受、被尊重、被对方看作最重要的人。其实我们想要的，就是让伴侣来保全我们的破碎自我认同，从而让我们有安全感。我们应该学会纯粹地体会心中的需求和愿望，而不是急切地想要满足它们。

下面这些步骤将引导你通向内心最深层的渴望，当你在不知不觉中与伴侣发生激烈争执或交流困难时，它将成为你的指南针和宝贵工具。即使感到完全迷失或找不到本质自我时，一旦学会如何使用它，就会看到这样一个事实：你已经成为想成为的那个人了。

*** 第一步：选择你真正想要的**

请回想一下，你在阅读第四章时总结出的、最需要或最想从伴侣那儿得到的三件东西。花几分钟，再次感受一下它们的意义对你有多重要，你对它们的渴求有多迫切，尤其是在你的情绪被触发时。请注意，你在说出它们时，内心激起了哪些不适感或焦虑感。

现在，让我们假设你人生中只能实现这三个愿望中的一个，并进一步假设，要确保这一个愿望的实现，你必须放弃另外两个。用一点时间让这个假设在你的心中沉淀。

请从愿望清单中选出一个情感需求或愿望，它对你的人生来说无比重要。在这份爱情中，你对什么的渴求胜过了任何其他东西？为了实现它，你愿意放弃哪些需求？

在这个过程中，你也许会感到焦虑或抗拒，也许会觉得这样孤注一掷让你非常不安。其实，能认识到这种恐惧和抗拒是很好的，但同时你要相信，实现爱情不设防是可能的。通过审视自己心中愿意全力以赴的事情，就能清晰而迅速地将注意力集中在最重要的东西上。否则，就会因为没完没了的需求、愿望以及以性格为中心的情感关系问题而不断分心。

运用不设防理论的实例：约翰

约翰在我们的指导下进行了这个练习，在确定自己想从爱情中得到的东西时陷入了困惑。起初他以为自己想让伴侣不再那么忧郁，接着却发现自己最想要和伴侣一起得到更多的快乐。这又进一步引导他认识到，他想要在情感关系中更自由地做自己，但是也向往能与伴侣有更多的亲密、联系和交流。他对自由和对更加亲密的需求似乎是矛盾的，究竟该如何从两者之间做选择呢？

约翰越是深入探寻这个问题，就越觉得紧张焦虑。他迟迟不愿做出选择，除非能确保选择是对的，认定什么是他唯一最想要的。"我觉得自己陷入了僵局，"约翰说，"我无法做出选择。"在经过一番挣扎之后，他认识到不做选择也是一种被动的选择。

在约翰回顾自己的愿望清单时，发现他的选择正反映了最近的情绪：对于亲密的兴趣源于伴侣最近表现出的漠不关心，对于自由的向往源于害怕伴侣的忧郁而带来的压力。于是，他开始体验自己的愿望，而不是对他没有得到或者自认为应得的东西做出冲动反应。最后，他有了一个崭新而深刻的认识：他想要得到伴侣的理解。

在你浏览自己的愿望清单时，请检查一下，是不是也有一些选择只是对当下环境的反应，而不是自己真正的愿望。做这个选择时，关键是要理解：这个重要选择将带我们回归心灵家园，给自己带来更多的机会。

*** 第二步：跟随你的选择，找到根源**

现在，已经明确了你在情感关系中最想要的东西，那么可以进入下一步了：跟随你的这个需求，直到它带你回归本质自我，找到那些你独一无二的、完整的自我特征。比如，如果你最终的选择是得到别人的理解，就像上面例子中约翰发现的那样，请以这个选择为起点，进一步深入探索这个需求。你认为是哪些缺失造就了这个需求，请将这些缺失一层层地揭开。

凭借这个例子，请开始问自己：如果得到了理解，你会怎么样？也许你会不再总是力求得到伴侣的关注和接受，你将会感到解脱，不再努力寻求认可。

现在请进一步审视这个需求，是什么给它注入了动力？如果你感到自己被真正地理解了，不再需要通过努力得到关注，你将能得到什么？也许你会觉得有了更多做自己的空间。

再一次问这个问题：是什么给这个需求注入了动力？如果有更多做自己的空间，你将能得到什么？也许你会觉得身心更加放松。在放松的状态下，你会有怎样的感受？也许你会觉得冷静、安宁、平和，那么，就让自己好好感受这平静吧！

你要问自己的最后一个问题是：为了能认识那个平静的自己，你愿意牺牲掉所有其他的需求和愿望吗？当你能够对这个问题做出真正肯定的回答时，将感受到一种强烈的释怀，不会再害怕孤注一掷可能带来的损失。如果你认识那个平静的（坚强的、快乐的、有爱心的，或者其他任何重要品质）自己，其他任何需求都将得到满足或消散不见，因为这就是你本质自我的特征，它将永远存在。

当你陷入困境，感到迷失或不知道如何打破与伴侣之间的僵局时，第一步就是得停止要求别人满足我们的愿望。我们必须跟随自己的需求和愿望，而不是满足它，才能重拾与心灵最深层渴望的联系，不让自己被许多纷乱的指引牵着鼻子走。这样，我们最终就能找到自己的所求。

* 采取行动，实现真正的愿望

现在，请开始你自己的旅程吧！说出你在情感关系中最重要的一个需求，最想要的是什么。用几分钟与这个需求建立深层联系。感受体内的迫切感，留意在说出这个需求时感到的紧张，感受你对它长久以来的迫切向往而产生的恐惧或愤怒。然后，请回答下面的几个问题。

1. 在情感关系中，我对什么的渴望胜过了任何其他东西？

例 1：想要有一个能完全接受我的人。

例 2：我想感受到爱。

2. 如果这个愿望得到了满足，我会得到什么？

例 1：会有一个人陪伴我，支持我。

例 2：我将不再自我怀疑，不再自我评判。

3. 如果我在人生中拥有了那种状态/感觉/情况，我将真正得到什么？

例 1：我会有一种向往很久的与别人联结的感觉。

例 2：自我感觉良好。

4. 拥有这种感觉会觉得怎样？会觉得自己和从前有什么不同？

例 1：我会觉得幸福，有活力。

例 2：我会觉得平静，没有压力。

5. 我会如何描述这种存在的状态（本质自我特征）？

例 1：喜悦。

例 2：平静。

当你到达第四或第五个问题时，会感受到一种释然，发现自己头脑十分宁静。这种放松是一个信号，说明你已经走出了性格的领域，不再习惯性地为了缺失的东西而挣扎，并在向丰富且有内涵的本质自我不断靠近。

即使活在本质自我状态下的感受转瞬即逝，这样的开始也会埋下渴望的种子——不论渴望的是喜悦、爱、平静，还是其他任何重要品质，这些都将使你更坚定地追求不设防的生活。在这一深层渴望的指引下，你将学会如何活在那一瞬间的圆满中而不受环境的约束，不论你是在享受一个甜蜜而温柔的拥抱，还是突然记起与伴侣某次不愉快的争吵。

苏菲教是伊斯兰教中的一个神秘教派，其教义把“状况”（state）和“状态”（station）二词区分开来，以此来区分过往的经历和当下正在感受的体验。状况是暂时的，它有一个开端和结尾，我们得到它，然后失去它。相反，状态是一种任何需要的时候都能够拥有的体验。如果我们拥有了喜悦的品质，并把它变成一种状态，那就能不受环境约束，随时拥有喜悦。我们具有各种各样的重要品质，且生来就有潜力认识这样的自我。通过卸下心理防备认识到这些品质都是一种状态，它们不仅存在于我们自身，而且任何时候都能体验到它所带来的归属感和完整感。

我们要接受爱情的严酷考验，培养自己在更多时候表达出本质自我特征的能力。最终，我们将能用彼此的爱来帮助自己实现一种深厚而恒久的本质自我体验。

把深层渴望当作指南针

当我们意识到深层渴望是重拾本质自我时，就可以借助以下问题来检查自己在情感关系中的每一次互动：我现在所做的事，会促进还是阻碍我去重拾本质自我？当我们在前进中受到阻碍或感到不明朗时，这个问题能够像指南针一样给予指引。知道了自己的方向，就可以检查自己的一举一动：我们所做的事是在靠近，还是在远离自己的深层渴望呢？也许我们无法在每时每刻都体验到本质自我特征，但至少能意识到，自己所做的每件事是否都是在朝那个方向努力的。

运用不设防理论的实例：朱莉娅

朱莉娅想做个决定：该不该让伴侣埃德搬到家里来一起住。他们在六年的交往过程中曾就这个问题讨论过无数次，但是他们从没有跨越内心的恐惧和阻碍，无法对彼此做出更进一步的承诺。每当他们为此争论时，其中一人总是会逃避，直到表面上问题好像消失了。然后，他们就会度过一段相安无事的日子，直到这个问题再次浮出水面。

在治疗过程中，朱莉娅开始了自我探索的练习，想要找出她内心深处的渴望。起初，她说出了以性格为中心的需求，就是需要得到尊重。由此，她发现自己有着“了解真实自己”的深层渴望。在进一步探索之后，她认识到自己丧失了了解和表达出真实自我的能力（因为害怕对方的反对），结果，她觉得自己被压抑了。带着最新发现，她觉得自己可以在展现真实自我的过程中忍受情感上的不适，因为任何痛苦都要好过被压抑的感觉。

朱莉娅想要重拾真实自我的愿望为她的情感关系注入了新的能量：她在埃德面前能表达最真实的自己，这让埃德觉得很好，自己也想这样做。澄清了这些并没有消除她对于同居的担忧，但这样做能给她重新审视自己矛盾心理的机会。

一旦朱莉娅了解了她所要寻找的本质自我特征是“真实”，就可以把同居这个问题当作探索的工具，进一步发现自己内心最深层的恐惧。现在，她不再着急做出决定，而是专注于每一场关于同居问题的谈话，从而培养自己的能力。

她的注意力不再是做决定，而是发现和表达更深层的真实自我。同时也可以体察到，埃德会如何与一个忠于本质自我的人相处。他能够不设防地去倾听吗？他会用开放而真诚的态度来回应吗？

在那之后，每当朱莉娅与埃德交谈时，她都会留心自己在坦白什么和隐藏什么。然后，她会问问自己："如果因为害怕他的反对而不愿说出自己的真实感觉，那我是否在朝着了解和表达真实自己的方向前进呢？"答案当然是否定的。

好像很不可思议：当全神贯注于最渴望的本质自我时，我们不再想掌控局势，而是想要从僵局之中获得更深层的含义。

"幸福大结局"——对于朱莉娅和埃德来说，住在一起对彼此诚实，并不见得就是唯一的成功之道。也就是说，在一起并不一定是成功，分手也并不一定是失败。即使结局是分手，通过认识并依照自己最深层的渴望而生活，朱莉娅就已经不再是一个内心矛盾、犹疑不定的女性了，而成长为一个更自信，能够向伴侣展现和表达出最真实的自己的人。

深层渴望能够帮助我们看到人生更广阔的景象。深层渴望——心灵的指南针，在我们忘记了自己的需求，感到迷失或困惑时指引我们重返家园。就算感到了压力或恐惧，也会知道此时的情绪压力正是实现内心渴望的必经之路。这样的认识会带给我们坚持下去的动力。现在，深层渴望将会变成一种类似父母般的支持，如果能跟随这一渴望继续探索下去，就会发现该是回归本质自我的时候了。

从治愈到转变

我们越多地感受到自己本质里的喜悦和平和，就越会被其深深吸引，并将其作为情感关系的基石。随着这一过程的自然展开，我们开始不受安全感和亲近感的控制，向自发的亲密爱情迈进。以性格为中心建立起来的情感关系，其目标是获得必要的支持，这些支持“治愈”有创伤的我们，以便进入下一个发展阶段——不设防的亲密阶段。而以本质自我为中心建立起的关系，其目的是为了实现“转变”。

马莱娜通过与两个朋友在一起的不同体验，向我们解释了治愈和转变之间的区别。

“当我和摩根交谈时，我感到很亲近，有一种深厚的友情，愿意与她分享喜悦和伤心。心中的任何想法，都可以对她直言不讳。我感到自己被理解、被倾听。在温暖而友善的关系中，我感到自己得到了修复和治愈。

"而在与利交谈时，我的感受则不同。我感到精神振奋，交谈将我带入了人生的核心，感觉像是在舞蹈。我们会激发对方进一步地去发现内在的核心。这并不仅仅像我和摩根之间那种敞开心扉的交流，而是一个因彼此间的互动而激发创造力的交谈，是一种心灵的修炼。交流过后，我仿佛展现了之前原本并不了解的真实自我，并在这种展现中获得了某种形式的转变。"

马莱娜与摩根之间的交流，是在性格层面最健康的体验：她们有着一定程度的开放心态，愿意表达出自己的感觉，互相倾诉彼此人生中正在发生的事。她们的交流依赖于某些共同的观点，有效地运用了第七章中探讨的互惠、权利、认可、意见一致、信任这五个条件，由此带来的亲近感是温馨而安全的。

对于很多人来说，以上这种感觉可能就是亲密。然而，真正的亲密并不需要这些条件中的任何一个，虽然这些条件也许都会存在。事实上，不设防的关系可能会带给人一种不安全感，它会不受我们控制，让人很不舒服。但是它也可以带来让你转变至更自由的机会，我们不是控制关系的发展，而是通过双方的接触在过程中转变。这种转变的目的不仅仅是分享人生，而是一层层剥去我们的防备。我们不是并肩前行，而是让彼此的道路合并或交织在一起。我们不是在交换故事，而是在解读人生。

当我们能做到不设防时就能展现自我，即便不确定自己在这段关系中是否被倾听、认可或接受。有时，这种亲密会太过热烈吓人，它更像是熊熊烈焰，而不是一种安全舒适的交流。同时我们站在更高的地方体验自我，将会感到非常清醒，充满激情和生命力，有一种真正活着的感觉，并感到交流有着深厚的内涵。

尽管这些发展阶段在书中是以线性形式呈现的，但请记住，作为有着多面性的人类，我们在许多方面都能同时运转，超越一个发展阶段并不意味着脱离了先前的阶段。有时候我们会发现，自己在一次交流中已经进入了更高的阶段，可一旦某个无意识的模式被触发，又落入了之前的阶段。而不设防的亲密，则包括感受一切阶段的能力。

培养蝴蝶意识

把情感关系看作一个发展过程是很有挑战性的。当我们处在某一个阶段感觉良好时，就会错把这个阶段看成是唯一的、不可改变的现实。而当我们准备继续前进时，面临的下一个挑战就是：拓展自己的视野，看到情感关系发展的新机会，认识到这不仅是当前体验的扩展，更是一场质的飞跃。

《纽约客》（*The New Yorker*）杂志曾发表过一幅卡通画，描述的正是这一困境。画中，两只毛毛虫正仰望着树上的一只蝴蝶，其中一只毛毛虫对另一只说："我们永远也到不了那么高！"正如毛毛虫和蝴蝶生活在两个截然不同的环境里一样，在情感关系某一个阶段的体验，并不一定会帮助我们为下一阶段的体验做好准备。如果我们不能清晰地预见到，在脱去习惯的内心防备之后情感关系将变成怎样，那么我们就会像毛毛虫一样，意识不到转变的发生，甚至会抵抗或惧怕转变。

要顺利度过这段不可避免的不适应期，我们就得有高瞻远瞩的能力。在毛毛虫的眼中，茧就像是一个死寂的房间，而在蝴蝶看来，茧是通向新生和自由的必经之路。同样地，如果我们总是很在意父母的表扬，为了获得表扬而扰乱我们的本质，就会感到很不舒服。而一旦我们不再依赖于外界的肯定，从这种需求中解脱出来，这段不舒服的过程便会带给我们更多自由，让我们去认识，去爱伴侣和自己，这种爱将超越曾经体验过的任何一种关系。

然而，尽管我们有意愿，但也不能简简单单超越现阶段情感关系的挑战。如果我们和对方相处时体会到的尽是紧张、脆弱之类的感觉，就无法立刻建立起灵活自如的情感关系。我们必须在情感关系的每个阶段都全心全意地去感受。

当情感关系是建立在以性格为中心的基础上时，从依赖到健康的亲近转变，就像是自幼虫成长为毛毛虫的过程。这是一种形态向另一种形态的延伸。幼虫的形态和毛毛虫相似,但相比而言,毛毛虫更大,更成熟,活动能力和独立性都更强。

然而,通向亲密之路要求我们的意识发生更重大的转变,这种转变不能根据原来旧的关系方式推测出来,它不是今天的我们的延伸。它就像是从毛毛虫到蝴蝶的转变一样:形态完全改变,从瓦解到解放。如果我们一直停留在毛毛虫的阶段,总是要求伴侣只能用让我们舒服的方式来回应,就无法实现这种转变。我们坚持得越久,毛毛虫期就拖延得越久。

不设防的情感关系能帮助我们培养蝴蝶的意识。要想让情感关系进一步发展,就必须牺牲毛毛虫的自我需求,即放弃对安全感、控制力和拒绝痛苦的需求。只有这样,我们才能转变。在茧中,毛毛虫必须完全放下它的自我认识,它身体的各个部分将完全地消融又完全地重组。

要想培养不设防的亲密能力,我们的内心就要发生一场"变形",并且还不是那种线性的、一步一步的改变。这是一场意识的飞跃,让整个经验系统发生翻天覆地的变化,像毛毛虫破茧成蝶的过程一样。这种变形需要时间,甚至也许会是一生,并且,这个过程是由一个个不同阶段组成的。

情感关系的每一个发展阶段都是下一阶段的铺垫:我们先处在一个阶段,直到培养出了超越这个阶段的能力,再进入下一个阶段。但是，和蝴蝶不同，我们必须积极地挑战自己先前的形态。随着我们学会有意识地运用情感关系中的紧张和不适感去实现个人成长，就能将自己从那些不正确的、限制性的信念中解放出来。在向情感关系的更高阶段迈进，不断实现爱情不设防的过程中，如果我们足够聪慧，就能学着把伴侣的行为看作是认识和表达本质自我的好时机。

我们学着舒展翅膀，因为已经来到了起飞的地方。我们超越性格限制的旅行，就像哥伦布挑战“地球是平的”一般。我们来到一个世界的尽头时，就必须挑战所相信的一切：超越那些让我们感到安全的条件，那些一心为了满足自己需求的行为和偏见，那些防备、退缩、攻击的冲动。

当完成了这些挑战后，心灵的指南针就会指引我们越过边界，进入成长过程中最深层也最具挑战性的部分——卸下防备。这直接关系到我们本书的核心观点：用一颗不设防的心去生活，去爱。

Chapter 10

卸下防备

如果我们认识到，我们完全有可能成为一个完整的、充满爱的，就能够原原本本地表达出开放的、当下的自我，用不设防的内心去爱自己和他人，需要先学会面对一切困境、伤害、畏缩、恐惧和抗拒，以及别人对我们的轻蔑、否定和拒绝，包括任何负面或不舒服的东西：负面的自我形象、情感依恋、自我否认、自我怀疑、自我评判、贪婪、敌意、羞耻、困惑。

只有当我们与这些“恶魔”进行斗争而不是躲避时，身上的防备盾牌才会瓦解。不设防的伴侣双方不会为了消除情感的痛苦和不适感达成妥协的共识。相反，他们会联合起来，学习如何运用所有存在的问题（损失、失望、不满、需求、无价值感、枯燥、孤独、抑郁、憎恶、欲望），来帮助自己和对方找到本质。

要知道，人类的潜能就隐藏在无限的体验之中，这些体验会丰富人的一生。当我们活在防备性格保护下的舒适区里时，自己的潜能就被限制了，这种限制就好像一个钢琴家被规定只能弹 C 大调。在通往不设防亲密关系的心灵之旅中，我们要重新使用钢琴上的所有琴键。

随着慢慢学会接受各种人生体验，我们就更有能力去接纳他人的各种体验。在这个总结性的章节中，我们将学习如何面对大多数人都试图逃避的情感体验。你会发现，要以一颗不设防的心去爱，就必须愿意去承受圣约翰所说的“灵魂的黑夜”，以及面对自己的恐惧。只有当我们体验过失去一切的痛苦后，才能发现有些东西是永远都不会失去的。

最后一层防备

许多人找我们做咨询后，都学着识别出了一些自己的防备性格。但是，识别出这些行为模式和从模式中解脱出来是两回事。我们也许想要改变，但是真正投入到改变的过程中去，才会意识到这样做所带来的巨大影响。为了逃避随之而来的恐惧和痛苦，有的人只是试着在自己的头脑中想象这一过程。但是，想象并不等同于真正经历。

运用不设防理论的实例：埃莉斯

有一次，我们在课堂上建议情侣或夫妻们用钱来强化他们的防备。在那之后，埃莉斯来找我们做了一次咨询。她说，她和伴侣比尔相处了十四年，他们的钱仍是分开用的。我们发现，她对这个决定明显缺乏深刻的认识，于是问她，为什么会选择这样做。埃莉斯解释说，她一直以来的习惯就是不和伴侣共用钱财，她从自己的母亲那儿“继承”了这种做事方式。“我母亲要我一定把‘家庭财政’和‘个人财政’分开。”

尽管埃莉斯意识到了这种模式的存在，但她并不知道继续盲目听从母亲的指引，会让她无法注意到一些重要领域。她说：“我喜欢这样，这让我觉得舒服。”我们感觉到埃莉斯以此来逃避一些情感上的不适，于是请她想象一下，如果和伴侣合并财政会有什么感觉。（同时，提醒那些听到这段对话的朋友，我们并不是建议在每段情感关系中，双方都应该合并财政。）埃莉斯在想了几分钟后，脸色大变，表情严肃，好像飞转的齿轮一下子被卡住了。所幸她对自我检查练习已经比较熟悉，微微笑了一下说："我恐怕得深入探索一下这个问题。"这是在向我们表示，现在她已经理解了这个问题的"症结"。

*** 转变VS认知**

和无意识的习惯性生活相比，有意识地识别自己的习惯就是一个明显的进步。我们会更加灵活自如，并开始为自己的选择负责了，因为我们了解了自己有哪些自我保护的方式。但是，认识到自身的习惯模式并不等同于已经将其转变，识别防备并不能摧毁我们的盾牌。也许我们已经不会经常做出冲动反应了，但却仍会躲在自己构建的情感防弹衣后面。

相反，转变我们防备系统的过程就是解除层层自我保护的过程。在之前的例子中，埃莉斯仔细考虑了是否可能与伴侣合并财务，结果发现，在她极力想掌控钱财的背后，隐藏着许多内心的恐惧。在进行"垂直深入"练习（参见第六章）的过程中，埃莉斯开始询问自己，为什么她能把心交给那个人却不能把钱交给他？她是不是把钱看得比自己还重？如果是这样，那又是为什么呢？

随着她不断思考这些问题，紧张感也在不断加剧，觉得自己陷入了迷惑和疑问之中。以前的自我形象崩溃了，取而代之的是儿时那种熟悉的、不被爱的感觉。接着，她灵光一闪，清晰地看到一条指向未来的路："我在人生中感受到的爱太少了。我不爱自己，既然如此，那为什么别人还要爱我呢？我想掌控自己的钱，因为这是唯一可以守住的东西。因为我并不指望比尔会一直和我在一起。"通过挑战这种模式，埃莉斯开始了一段努力恢复更深层自我价值的过程，她的个人发现也将她领到了情感关系的下一个阶段。

培养持久亲密关系的唯一途径就是打破自己的情感生存策略，粉碎我们的补偿身份，展露出破碎自我认同，并承受随之而来的紧张感和痛苦，然后，我们才能踏上通向本质自我的道路。加拿大新斯科舍干布寺的修道院长佩玛·秋卓（Pema Chodron）曾说："只有当我们一遍又一遍展露自己直至旧的东西毁灭时，我们才能找到自己心中坚不可摧的东西。"

我们可以用瓦解防备性格的过程来描述这种毁灭

体验。在这一过程中，需要经历无数的转变，才能将内心武装中最坚硬厚重的部分融化。等待我们的，将是一种无与伦比的喜悦感：一旦掌握了方法，在一点点的进步中获得信心，这段旅程就会变成一场绝处逢生的精彩探险。

亲密的联盟

要体验毁灭的感觉是非常不容易的。但即使再艰难，我们也要和伴侣一起面对。即使我们早已习惯封闭内心，也要努力保持开放的心态。当我们受到伴侣的批评、指责或攻击时，仍能保持完全活在当下而不做出冲动反应，说出自己的感觉。这甚至意味着，我们要长期与坏心情、缺失感做伴，并且不做任何事情来转移注意力以让自己感觉好过些。

在不设防的情感关系中，我们不能只是给伤口绑上绷带，而是要有意识地做手术，直击疼痛的根源，并最终将其消除。我们要坚持帮助彼此彻底瓦解根本问题，而不是暂时解决。鼓励彼此深入探索真实的原始内在体验，消融那些认为自己不够好、不完整的错误信念。

在不设防的情感关系中，伴侣的角色是要克制自己，不去干扰我们专注于自身的感觉；而我们的角色就是要承受这一过程中的不适，直到将紧张感连根拔除。我们要认识到，一切的恐惧和缺失感，都是我们在回归开放心灵的道路上所需要面对的恶魔。这条爱情不设防的道路，利用情感关系中不可避免的紧张和痛苦感，瓦解了那些伴随了我们一生的旧有行为和反应模式。要知道，正是这些模式阻碍了我们直接地、毫不掩饰地去体验自我及他人。

运用不设防理论的实例：米奇和帕特里夏

米奇和帕特里夏学习“爱情不设防”的方法已有数年。下面这段文字来自于米奇的日记，在日记的开端，他描述了与帕特里夏之间一次痛苦的交流体验。从中，我们将看到他瓦解自己性格防备的过程。

帕特里夏打开邮箱，惊讶地看到一封邮件，是有关我周末要参加的一个会议的确认函。而我们本来计划要共度周末的，她对此感到十分沮丧。即使她完全有理由表达出失望，但仍然控制住了自己，没有批评，没有发怒，也没有一味地指责，而是开始探索她自己的反应。看到她这样，我觉得面红耳赤，感到万分内疚。

我很快就认识到了自己不小心犯下的错误。我觉得自己是个骗子，谎称自己把感情放在第一位，可是实际上却把工作放在第一位，现在才露出了原形。我总是借助工作来争取别人的赞赏和接纳，这种旧有的反射行为已渗透进我的意识，甚至让我做出了去参加会议的决定。我深感羞愧，因为自己的性格缺陷被揭穿了。

我本可以找到一个解决办法，要么简单地推掉这次会议，要么和帕特里夏重新约一个时间，那样，这事就了结了。但是，内心中又出现了那些熟悉的谴责声："我总是需要从外界得到表扬和肯定。""最终我将会失败。"其中最糟糕的一句是："我会让深爱的人失望。"

在那时我发现，旧的思维模式、负面的自我认知和信念仍然顽固地存在于整个自我认知当中，这让我感到厌恶、心碎、心痛难忍，害怕自己的心脏病会突然发作。在这个世界上，我是脆弱的、缺乏防备的，一定会在自责之中慢慢毁灭。我急切地思考着，怎样才能让事情好起来。"我只是犯了一个错误。""这不是什么大问题。""让我亡羊补牢吧！""振奋一点！"我不得不使出浑身解数，才能不屈从于头脑中闪现的各式各样的逃避路线。

通常当遇到了雪崩般的自责感时，我会停下来封闭自己的内心。所以，要真的敞开自己的内心是非常困难的。而这一次，我有能力把内心体验一五一十地告诉帕特里夏，就算会像河水逆流那样艰难也要把话说出口。

我继续在情感垃圾箱中下沉，沉入到了内心最深层时，我感觉到帕特里夏陷入了她那“我并不特别”破碎自我认同的泥潭里。在这里，世界对她来说是反复无常、冷漠无情的。她感到心碎，曾经充满爱意的空间消失了，变成了深远而凄冷的空洞。一方面是深深的失望，另一方面是绝望之后的“不在乎”，她的心就在这两种念头之间挣扎。

看到帕特里夏的痛苦我心里很难过，意识到自己不应该试图去改变她此刻的感觉。进入到更深层自我之后，我被她的原始体验打动了，于是选择有意识地沉浸在自己的痛苦之中。内心提醒我，这样并不是引发了彼此的痛苦，事实上，是因为我们共同剥去了又一层防备层，被彼此深深打动了。

在处理许多双方的情感问题时，我时而感到无法动弹，时而又感到摇摆不定。这是一种非常难忍的不适感。我想要封闭自己的内心，急切地寻找能让自己好过点的方式，好将这种不适感挡在外面，但又为了打破旧习惯而忍着心痛不让自己这么做。

我和帕特里夏都能够认识到，我们正在经历着揭露破碎自我认同的过程，并将在这一过程里得到治愈和转变。我们对彼此做出要完成这个练习的承诺，即使其中一个人有停止的想法，另一方也会继续不断地向更深层次迈进。有趣的是，我们各自都确定不论对方是否同样坚持，自己都要完成这项个人练习。

在几小时中，我们有意识地探索、发掘，并允许各种感觉流经全身，在那之后自己已经被眼泪和恐惧净化了。随着痛苦层层褪去，防备也渐渐卸下了。那场会议本身已不再重要，它只不过是一个契机，让我们有机会瓦解那些旧有的保护层。现在不论我决定继续参加会议，还是放别人的鸽子，都没什么关系，因为这件事的结果不会影响我们的自我认知。我们到达了一片真正的“无求”之地，感到更轻松、更充实了，那是内心中一个全新的，可供我们一起休憩的场所。

真正的考验在这个体验的最后阶段才开始，它决定了你是否能真正卸下防备。当回想问题的发生，也就是回到那个触发你一系列情绪反应的情境时，如果你仍能感到情绪的影响，那么就仍需努力继续探索。给那些情绪更多的时间和空间，直到你能够以一种充满爱和同情的方式来感受这个问题。

如果米奇和帕特里夏都退缩到自己的补偿身份里，很可能会让他们的情感关系陷入危险。而如果他们能继续这一探索过程，借此完全解除防备，就将有可能实现从未有过的更深层的亲密。

要学会像这样检查自己的内心，你需要一幅关于探索过程的地图，以及所有我们之前介绍过的工具。我们必须一次又一次为可能的迷失做心理准备。只要相信我们的本质自我一直都存在，迷失时可以鼓起坚持的勇气，并理解现在的痛苦挣扎将会引领我们走近不设防的爱情，最终就必定会到达目的地。

卸下防备的过程

下图描述了卸下性格防备的全过程。从图中可看出，通过对层层防备性格依赖的脱离，我们将逐步培养出连接深层本质的能力。在性格区域，也就是在沙漏图像上部的三角区域中，“补偿身份”逐渐给“破碎自我认同”让路的过程令人既兴奋又痛苦。随着这个过程不断地进行，特别在靠近沙漏的瓶颈处会感到越来越紧张和困扰，想要退缩，随之而来的恐惧、绝望或愤怒感也会不断加剧。在某个时刻，我们会进入一个“黑洞”，各种感觉如潮水般袭来——孤独、空虚、毁灭和迷失。我们一旦从这种地狱般的情绪状态中解脱出来，就会被一种深层的放松所包围，然后进入一个没有边界的空间当中。这种放松会变为一种延展和开放，最终，我们回到了不设防的本质自我领域的亲密状态。

到此为止，我们已经介绍了许多方法，教会你运用痛苦和不适的情感体验来脱离压制的自我认知，并培养不设防的能力。接下来的步骤是这本书里最高潮的部分，将在你感到困惑、沮丧的时候给予指引，你可以自己独立完成或者和伴侣共同完成这一过程。如果你在伴侣面前做这个练习，将会产生更多的困难，因此得持有耐心坚持下去。如果在最初几次的尝试中无法完成练习，不要犹豫害怕，信守诺言坚持走完全程。遇到困难时，你的心中也许会产生怀疑，认为自己永远与完整美好无缘。但只要冲破这个怀疑，你就将体会到不曾有过的亲密感，觉得之前的一切努力都是值得的。

卸下防备的过程需要五个步骤。不用在意在这一过程中感受到的恐惧，你越是努力卸下防备，就会越有自信去克服那些艰难感觉。这是一个自然的过程，每一步都会带领我们走向最终的目标。我们对这一过程中不稳定感和紧张感的容忍能力将不断增强，即使遇到巨大的恐惧也依然能支持自己去面对。

图：卸下我们的防备

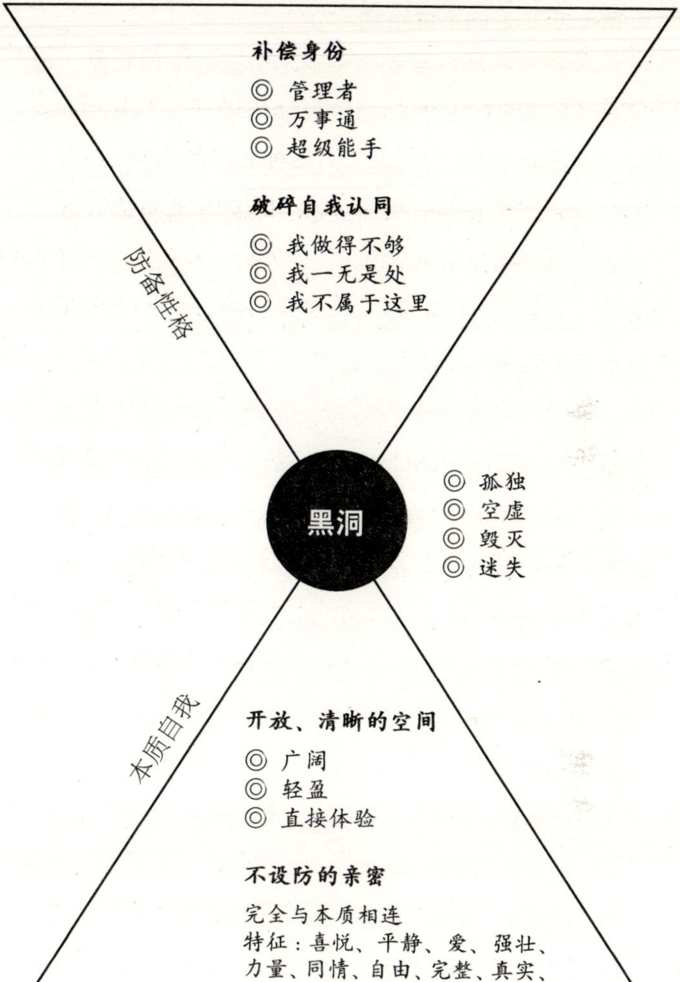
防备性格
补偿身份
◎ 管理者
◎ 万事通
◎ 超级能手
破碎自我认同
◎ 我做得不够
◎ 我一无是处
◎ 我不属于这里
黑洞
◎ 孤独
◎ 空虚
◎ 毁灭
◎ 迷失
本质自我
开放、清晰的空间
◎ 广阔
◎ 轻盈
◎ 直接体验
不设防的亲密
完全与本质相连
特征：喜悦、平静、爱、强壮、力量、同情、自由、完整、真实、清醒、勇气、活在当下

*** 第一步：走向不适情绪**

生存本能教会我们要避免不舒适的情绪状态，但如果坚持要卸下性格防备去生活去爱，那么我们就必须靠近这种状态。在这一过程中，任何能激发我们做出冲动反应的体验都是有益的，这些体验包括：需求和愿望得不到满足时的挫败感；和伴侣之间似乎存在着无法化解的僵局；陷入情绪困境的感觉；对情感关系的不满足感。

在这一过程的最初阶段，我们会很难相信焦虑、绝望、紧张和困惑都是实现亲密关系的前奏，都是我们在与彼此建立深厚关系过程中必经的体验。在这个关键点上，会习惯性地向自己的补偿身份寻求安全感，错误地看待这些“负面”的状态，以为那是危险的警告。所以，卸下防备的第一步就是要认识到，这些负面状态正是通向更深关系的重要入口。下面是通向不设防爱情的最常见路径：

◎ **愤怒**：激怒、不耐烦、沮丧、憎恨、敌意、痛恨

◎ **恐惧**：焦虑、焦急、不安、困扰

◎ **沮丧**：忧郁、迷失、悲痛、抑郁、孤独

◎ **消沉**：困苦、麻木、死气沉沉、空虚、沉重、冷漠

◎ **不适：紧张、压力、退缩**

只要我们在情感关系中没有遭到暴力，这些情绪其实都是通往更深层联系的大门。我们需要做的就是向这些大门走去，而不是远离。

学习识别我们的冲动反应以及回应情绪，就会发现另一条通往亲密的大道：我们会习惯于在痛苦面前退缩，但在下面的这个例子中，你会看到在快乐面前退缩也是一种信号，预示着我们此时正站在通往更深层关系的边缘，原来的防备系统开始发挥作用。

运用不设防理论的实例：山姆和凯蒂

山姆和凯蒂坐在西雅图他们最喜欢的餐厅里，读着周日版报纸，享受着九十二个连续雨天之后的短暂放晴。山姆趁凯蒂去洗手间的时候，掏出两张去夏威夷的机票夹在她正在看的报纸里。当凯蒂回来看到机票时，她努力克制住心中的恐惧，假装出兴奋不已的样子。（在治疗课程中，她说出了自己的担忧以及不愿去面对的原因，是怕和山姆待在一起会证实他们之间越来越远的距离。）在两人谈论夏威夷之旅时，凯蒂先是说不知道自己能不能立刻放下工作。当他们走出餐厅时，她说在报纸上读到一篇说一对新婚夫妇在夏威夷度假时，妻子被鲨鱼咬死了的文章。而当他们到家时开始争吵起来，山姆指责凯蒂太悲观，而凯蒂却责怪山姆神经质。

恋爱的双方都能在情感关系中调控亲密度，每个人都清楚地知道说什么话做什么事能让对方垂头丧气。当两人正要开始浪漫之夜时，你突然告诉妻子她妈妈今天打来过电话；当交谈渐近亲密时，你突然告诉伴侣他忘记设定闹钟了；或者当你看一个电视节目看得着迷时，伴侣突然想谈论她对你们关系的不满。所有这些煞风景的事，都会让双方之间产生隔阂。

因此，卸下防备的第一步就是走向不适的情绪，当我们对正在发生的疏远或亲密感到不舒服的时候，其实就是你自我省视的最好时机。只有这样，我们才能粉碎自己的补偿身份，展露出破碎自我认同。

*** 第二步：关闭所有的出口**

当我们的破碎自我认同被暴露出来时，任何人都知道是什么感觉：痛苦、煎熬、恐惧、悲惨；胃部下坠、绞痛；头昏脑涨、浑身燥热；觉得陷入了困境，“再也无法忍受了”。要知道，我们最不愿做的事就是忍受。我们想对伴侣怒吼，似乎痛苦是他们造成的；想起身冲向超市去买巧克力棒；想把自己封闭起来，把伴侣关在外面。想做一些事为了能让我们好受一点。

但是，如果我们想把不适的情绪当作通向更深层亲密关系的路径，通常就会以逃离的方式将自己的体验与伴侣隔绝，因而此刻必须要关闭逃离的出口。基于当前的信念，包括在第七章中讨论的所有 REACT 要素（互惠、权利、认可、意见一致、信任），以及“应该让情感关系满足我们的需要”的观念，我们会认为感受不适的情绪是错误的，希望改变或征服它。但如果还是保持旧思维，我们只会远离自己和彼此。

下面列出了一些方法，你可以在脑海中检查，当你习惯性地对某些感受、感知和想法不舒服时，曾试图通过哪些方法来逃离这些不舒服的感觉。

◎ 离开

肉体的离开	精神的离开	情绪的离开
走开	同意忘记这次争吵	困惑
生病	转移话题	自闭
发生事故	在脑子里列清单	愤怒
感到麻木	推理	滔滔不绝地说话
打扫房间	分析	自我怀疑
做运动	合理化	矛盾纠结
晕倒	数数	
睡觉	头脑空白	

◎ 防备

说谎

愤慨

自以为是

为自己辩护

感到被责怪

憎恨

◎ 放纵

疯狂购物

暴食

看电视

吸毒

抽烟

酗酒

变成色情狂

强行支配对方

强迫性行为

工作狂

陷入幻想

赌博

如果你在渐渐靠近破碎自我认同这个熟悉的洞穴，听见洞穴里有负面的声音在说“你总会是孤独的”“没有人在乎你”“你一点也不重要”，这时，请留意你是如何强烈抵抗不让自己踏进这个深渊的。现在，请放弃一切抵抗，放弃一切逃避，坠入洞中吧！当然，所在的环境要能够允许你体验这种紧张感，并请你在体验的过程中不要做其他的事情。

*** 第三步：让这种不适感颠覆你的防备**

一旦我们封住了逃离的出口，紧张感就会加剧，甚至想倒退回去，继续维持破碎自我认同。我们的心中反复念诵咒语一般：“我一无是处，我一无是处，我一无是处。”这时，请不要被恐惧、愤怒或抑郁阻挡，依赖于你的破碎自我认同也是一种逃避方式。你必须独立让所有的想法停止，屈从于此刻的感受，允许它在体内燃烧，占领你、折磨你、动摇你，甚至撕裂你。

这是一个需要坚持的过程，在这个过程中既不要采取行动，也不要压制感受，允许它呈现出本来的样子，不试图思考正在发生什么，为什么会这样。我们应该相信，这段痛苦的过程终究会过去，你将体验到一种更深层的完整感。

我们可以躺下来，深呼吸，以此帮助自己处理情绪，但却不去采取任何习惯性的逃避措施。我们不要让自己觉得这种体验是不对的、不好的，不要去辨别正在发生什么，也不要妄下结论（不去想，不去判断，不去感伤或在脑海中编故事），就这样，直到这种体验得到转变。

让我们回到之前提到的山姆和凯蒂的例子上。当凯蒂在练习中到达这一步时，她感到一种深深的悲痛，惊恐而沮丧。但幸运的是，她没有跟随自己的冲动去辨别或分析这种悲痛，也没有试图去明确它的意义。（如果她当时这么做了，那么很可能已经决定和山姆离婚了，并且会认为他们的婚姻是一场骗局，以为自己从来没有爱过山姆。然而，所有这些判断或结论都是在冲动之下做出的。）凯蒂没有这样，只是任凭悲痛不断加深。她非常伤心，但仍坚持去感受这份伤心的感觉，直到发生转变的那一刻。

◆感觉和冲动反应的区别

在这一过程中，我们知道感觉和冲动反应之间的区别是非常有用的。感觉的来袭是呈波浪式的：从开始产生、膨胀，然后沉淀，总是在运动着。在这一过程的某个时候你觉得似乎陷入了僵局，那应该就是产生了冲动反应。这感觉像是情绪，但其实又不是。当你的感受停止流动时，就需要检查自己是否产生了冲动反应，调整自己直到再次恢复到感觉状态。

随着这一过程的发展，你会直面来自过去的心魔，听到它发送的信息：你不配，你无能，你没有尊严，你一无是处，你不可爱，你不好。请让自己去感受这种折磨，但也要克制自己不去认同这些想法。让它们浮出表面，然后自动消散。如果害怕痛苦会撕碎你的心，那么就让它将你的心砸开吧！谨记佩玛·秋卓的智慧之句：“我们准备放弃的时候，也正是从难忍的疼痛中得到治愈的时候……”请让自己面对那些你想要极力逃避的问题吧！去了解错误自我认知带来的痛苦吧，去认识你在孤独时放弃自己而带来的痛苦吧，去开启心中的同情之泉，让它从你的心中喷涌吧！

◆专注于焦灼感

随着你继续坚持感受这个体验，内心痛苦的焦灼感将成为转变的能量源头，将性格的坚硬外壳层层烧毁，让防备系统消失殆尽。在感受转变之火的灼烤时，你需要有很强的信念。伴侣可以提供一时的陪伴和帮助，但最终你必须独自忍受这种水深火热，没有人能代替你去承受。

每当你回想起任何能触发痛苦经验的事情时，体内的灼烧感就会重新出现，甚至更加强烈。请专注于这份灼烧感。当你的思想变得疯狂，开始控诉或抵抗时，请专注于此刻的感觉。你可能会突然想起过去的一次痛苦回忆或事件，不论记忆是否清晰，请沉浸在那次记忆体验而产生的各种感觉。它们会带你回到最初与本质自我失去联系的地方，那也将是重获自由的地方。请注意不要抵抗，不要编故事，不要拒绝，因为这些抵抗会强化你的防备系统。

某种程度上说，这有点像练瑜伽。我们不应在练习的过程中一下子拉伤肌肉，而是必须坚持不断加强忍耐力，就会越来越能够忍受以前觉得无法容忍的东西。在人生的任何阶段，想要面对并超越限制，我们都必须学会容忍。不论是公共演说、工作面试，还是从亲近走向亲密，我们都必须超越先前的阶段，拓展舒适区边界。

我们询问过一位知名的马拉松运动员，专业运动员在运动中是否能达到没有身体不适的状态，是否能在跑步的某个时刻体验不到那种强烈的抗拒。她回答说："我在跑步时会主动寻找身体上的不适感，并去迎接它们。这说明身体正在做它需要做的事——带我超越下一个挑战。如今，要是我没有感到不适感，反而会觉得害怕。”培养不设防的亲密也是如此。如果我们在超越自身限制的过程中没有感到情绪压力，就可能是在重演一个熟悉的模式。这并不是说我们在情感关系中需要专注于痛苦，而是说能够欢迎一切感觉时，才能获得真正的自由。

记住，恐惧和痛苦会让我们退缩，而慈悲会消除这种退缩。我们只要保持开放的心态，同情就会帮助我们穿透层层的防备和痛苦，到达那珍贵的纯金本质——守护真实自我的神圣使者。当我们放弃那些习惯性的逃避行为后，会发现现在的痛苦只是引发了曾经在情感记忆里的痛苦，以及固有模式被打破的失落感，跟当下没有任何关系。这是整个过程中的一个关键点。

＊ 第四步：进入黑洞

随着认定的自我形象和习惯性的相处方式开始土崩瓦解，我们就会进入“黑洞”，这是从性格防备的最后一层走向本质自我领域的一个转折点。在本质自我领域中，我们将断绝与破碎自我认同及补偿身份的一切关系，对防备系统来说这感觉就像是坠入一个无底的深渊，毫无生还希望——弥漫着死亡、毁灭或是巨大虚无的阴霾。此时，我们的性格堡垒被完全拆毁，发现了自己一直逃避的那个噩梦。

所有的精神指导都指出，到最后的最后，人们所害怕的不是痛苦，而是空虚。空虚是最令人憎恶和痛恨的感觉。事实上,我们宁愿活在残缺之中,痛恨自己,也不愿体验这种空虚。

来访者们将这种体验描述为“与一切失去联系”“死亡之谷”“空洞的虚无之地”或“地狱”。他们说感到失去方向、空虚、孤独和空洞，害怕自己会发疯；身体感到寒冷(也有些人说是难耐的炙热),有时还会眩晕恶心。

虽然这些感觉和压力会让人害怕，但我们还是可以忍受的。每穿越一次黑洞，我们就会变得更有活力，也会更加相信这些艰难的体验能带来好的转变。如果我们没有轻率地放弃，就会在此之后感到无比的放松。

走进黑洞是一个关键性的选择。在恐惧风暴的袭击下，防备性格会想躲进一个安全的港湾。我们就像是在暴风雪中的一只小船，正在迎着风浪前行，必须面对内心深处的空虚和孤独。在黑洞中，我们会面对那些最初的分离体验，它们被封存在时间中，也封存在我们心里。只有现在，我们才具备了有意识地去承受这些体验的成熟心智。当我们发现了本质自我之中无穷无尽的宝藏，就不会再依赖于外界的支持。而现在，在这种内心的空洞里，我们需要三种曾在第三章中提及过的支持：情感关注、肯定、映射。

◆情感关注

我们必须打开心扉，关注内心体验，不设法转移注意力，也不去压抑、否定或逃避所感受到的东西。我们要坚定不移地保持专注，完全沉浸在此刻的体验之中，而且如果可能的话，要克制做自我评价的冲动，尽可能地去爱自己。

在这一过程中，你可以再次进行前一章中介绍过的对你有所帮助的练习。想象自己是一个正在经受情绪压力的小男孩或小女孩（三四岁左右吧），你和这个小孩之间有怎样的关系？你会怎样表达爱与支持？你想与他交流些什么？也许你会摸摸他的小手，告诉他你会陪在他身边。或者，你可能会抱着他，让他知道他自己并不孤独。你也许想告诉他一切都会好起来的。现在，每当你感到有压力时，就像对待这个孩子一样去对待你自己吧！

◆肯 定

我们不要把黑洞当成是一种命运的审判，黑洞中的体验就像所有其他体验一样，有开始、过程、终结。虽然会感到害怕，但是我们不会真的死去，也不会发疯。我们必须扩展自己的容忍度，而不是逃离。要知道它们终将过去，所以请尽情拥抱情绪的汹涌波涛，直到它们自己慢慢沉淀下来。

◆映 射

当我们在黑洞中时，会无法意识到自己与本质自我之间的联系。我们要有信心，清楚地提醒自己是完整的、善良的、坚强的、有价值的。要相信，坚持不懈地努力之后，会回归原有的完整性和纯粹的天性。在那里，我们能再次成为不设防的人，并永远活在爱的包围之中。

◆向释放转变

当我们忍受黑洞中的体验时，内心所感到的摩擦、焦虑和紧张会摧毁那堵横亘在性格和本质之间的高墙。印度瑜伽大师室利·阿罗频多的教学记录者萨特·普雷姆是这样描述的："寻求者将感到这面墙逐渐丧失稳固性，自己的生命质地发生了改变，仿佛自己变得更轻了，更放松了……"

不可思议的转变就这样发生了。恐怖感消散，灼热感冷却，那种深切的不适感也减缓了。黑暗变得明亮发光，光明即将到来，一切渐渐变得明晰，让人愉悦。那种要被摧毁或支离破碎的感觉也褪去了，剩下的是持久的宁静和自由。我们感觉与自己及伴侣都有着深层的联系，不再空虚或孤独，不再需要任何改变。觉得自己是完整的，仿佛置身于开阔、明亮、不断延伸的空间中。从此，我们原先的舒适区消失了，取而代之的是另一个领域，在这里，我们置身于宁静之中，回归本来的宁静，做最真切的自己。

在转变的时刻，我们已经完全能够做到让思维暂停，不是要观察此刻正在发生什么，而是直接体验正在发生的事。我们所有人肯定都有过这种经历，曾在某个时候体验过一种纯粹的感觉。也许是通过做运动、听音乐、与大自然接触或者一场性体验，达到了"忘我"

的境界，完全忽视了周围，在那一刻，“我们”和“他们”都已经消失了，只有那种体验本身存在着。就像在音乐会中，如果到达“忘我”的境界，观众和音乐家就都消失了，只有聆听本身依然存在。

在防备性格瓦解之后，剩下的就是“直接体验”，这将指引你以一种新的方式去建立情感关系。我们会感到充实、丰富、满足，原先的虚无感让步于本质自我的体验，我们存在于此时此地，不受过去的牵制，也不受未来的压迫。在这种状态中，我们失而复得——失去的，是那些再也不需要的，而找到的，是那些从未真正失去的。

学习穿越黑洞，就像是学习挖掘金矿。当初丢失了的本质自我特征，在许多年前就深深埋藏在黑暗的矿井中。每当我们走进那条黑暗的隧道，都会深感恐惧。然而，我们走进去的次数越多，对黑洞那阴森恐怖的内部就了解得越多。在那里，我们找到那些尘封多年的本质自我特征，才终于能够在爱情中坦诚相见，毫不设防地相偎相依。

* 第五步：在不设防的情况下说出体验

在我们与本质自我建立深入的联系，维持长久的、不设防的亲密关系之中，至关重要的一步就是描述走出黑洞之后的体验。由此，我们必须抓住那些最初的感知。这就像是刚走进一间暗室，我们的眼睛必须先适应黑暗，学会看、听、闻、感受这个崭新的未知空间。

为了努力去感受和表达这种体验，我们需要足够的时间、勇气和力量。离防备性格的习惯模式越远，就越需要加紧找到一组新的词汇来描述自己新的感受。原来觉得只属于歌词作者、诗人或灵性大师的特别词语，现在也可以来形容自己：坚定的、闪光的、清醒的、喜悦的、轻盈的、柔软的、成熟的、净化的、满足的、灿烂的、神圣的、高贵的、神秘的。

在寻求新的方式来表达自己的过程中，要学会不再将性格作为参照物。我们会自然地回应每一种情况：当别人要求我们跳舞时，不再以“不会跳舞”为理由去拒绝，而是站起身来，自然而然地跳出自己的舞步；当我们感到伤心时，不会以“男人不哭”为理由而故作坚强，而是坦然地流出心中的眼泪，迎接当下的存在，也迎接那些别人给予的安慰话语。我们会寻求体验亲密感的新方法，以此来作为建立感情关系的动力，而不是沉溺于那些旧的、习惯性的角色。我们会慢慢习惯于想办法和自己及他人的本质建立联系，而不是依赖于那些看似很好的外部环境（比如恋爱、展开新的工作项目，或买一套新房子）带给我们某些结果。学着用自己的真实本质去与人相处和生活。

当你独自或通过辅导完成了这五个步骤之后，你的性格防备将松动、瓦解，直至完全消失。如果你是在伴侣的陪伴下完成了这五个步骤的，那它还有可能会带来不设防的亲密关系。我们发展亲密关系的方式，并不是从伴侣那里寻求解答，而是进行自我审视。这样就培养了一种内在的支持，取代对外部资源的依赖。我们既能享受无限的喜悦，也能承受情绪的波动。随着对不适情绪的容忍度不断增强，感受喜悦的能力也会相应增强。

踏上旅程

在我们的情感关系中，是不是每当面临僵局或争执时，都要从头到尾地重复这五个步骤呢？事实上，我们可以用多种方法来卸下自己的防备性格，但是，“进入黑洞”这一步骤却是至关重要的。只有成功地进入黑洞，才能对自己的本质自我的探寻坚定不移。

运用不设防理论的实例：辛西娅

辛西娅四十五岁左右，她来找我们进行辅导的第一周，通过这个练习成功处理了情感关系中的痛苦。她的伴侣贾斯汀有过一场外遇，她坚定地认为对方犯了错，背叛了她的信任，并认为这种信任再也无法重建了。在一场开放式小组辅导中，她严厉批判了贾斯汀的行为，把自己看作一个在这段关系里受到欺辱的受害者，认为自己并没有做错。

起初，辛西娅有强烈的抵触情绪，不愿探索自己应该对伴侣的不忠负哪些责任。她承认在前一段感情中，也遇到过同样的背叛，并渐渐认识到，即使结束了现在的恋情，也可能会再次陷入同样的模式当中。这一点让她停止了指责，过了很久，她终于将注意力转向了自己的内心。

辛西娅最开始思考的问题是，这场外遇事件会不会与她和贾斯汀都有着某些无法面对的事情有关。也许只有当事情足够严重时，才能引起了他们的重视。从辛西娅的角度来说，这样想就意味着必须去接受一种不舒服的感觉，会让她感觉自己“不够好”。这也许是因为她没有去倾听贾斯汀发自内心的痛苦倾诉，而是在回忆过程找出一些曾对贾斯汀做过的直接或间接的批评和指责，以回避面对自己内心中的脆弱和伤疤。尽管这些行为并没有直接“导致”外遇的发生，但是辛西娅还是可以选择利用这场外遇来检查自己以及他们的情感关系。

获得这些认知的过程是漫长而艰辛的，许多时候，因为太痛苦，她都想要溜之大吉。在我们辅导这项练习的过程中，一位小组成员记下了辛西娅在坠入黑洞前所体验到的几个情感层次。

◎ 自我批评

◎ 尴尬

◎ 感到压力

◎ 大脑空白

◎ 身体不舒服

◎ 开玩笑

◎ 转移到其他不相关的话题上

◎ “我进行不下去了”

每次可以选择退出自我探索的时候，辛西娅都选择了坚持用痛苦打开内心，远离自己熟悉的逃离路线，双脚站在转变之火上忍受煎熬。她克制自己不去责备，不去封锁内心，也不将注意力从不舒服的感觉上转移开。她的勇气感动了我们所有人。

辛西娅积聚了自己所有的意志力停留在黑洞里。“我觉得孤独，这里黑暗、寒冷并且深不可测。我的胃里很恶心，就像被打了个结。我感觉自己一直在坠落，但没有任何东西会托住我。”

过了一小会儿，我们看到辛西娅开始放松下来，接着突然又紧张起来，说道：“我把这种感觉弄丢了。”我们很快地回应道：“你没有把它弄丢，你的体验得到了转化。请说说现在的感受吧！”辛西娅错误地以为痛苦折磨消失了，是因为封闭了自己，从而阻断了这个过程。这是一种在我们走出黑洞之后的普遍误解。在我们的鼓励下，辛西娅不再评价自己的体验，而是开始描述它。她感觉心里出现了一片崭新而陌生的，却十分美好的领域。

来访者们起初都不能立即描述出这种体验。因为它太新鲜、太美好、太不可思议了。当我们鼓励他们进行描述时，他们会羞于说出脑海中想到的词语，比如“怡人的”“高雅的”“温柔的”“可爱的”。这些表达方式令人感到陌生，带着诗意和幻想，但却能带来自我意识。来访者们面临的尴尬就是虽然知道自己不是诗人，但若不引用诗歌，简直就无法描述自己的体验。

辛西娅也是如此，在我们的不断鼓励下，她终于说出了自己的感受。“我觉得自己就像一条河流一样在自由流动。现在光线有些暗，但还有丝朦胧的亮，就像是清晨池塘里升起的薄雾。这是一片温柔的土地，充满了宁静，就像一只摇篮，轻轻摇晃着我。”辛西娅说着说着便泪如泉涌，她的意识里涌入了一直以来被深埋的早年记忆。她记起了自己小时候，在清晨的厨房里坐在母亲的大腿上，母亲会一边搂着她轻轻摇晃，一边看着窗外掠过池塘的飞鸟。“那是我们最美好的时光，彼此有说不完的话，感到完全的敞开与安宁。”

这标志着辛西娅对黑洞的一次成功穿越。在辅导的整个过程中，她用这场外遇带来的紧张感帮助自己卸下了防备性格，通过坦然面对自己，坚定地抵达了最深层的真实自我。不久，与自己的本质建立深层联系带来的狂喜开始压过体验的不适感。每进入新一层的领悟境界，辛西娅都感到巨大的释然和放松。这种亲密体验不断出现：敞开、挣扎、释然，越来越大的信心让她跨越了僵局，最终实现了转变。

到辅导结束时，辛西娅不仅不再责备伴侣，不再自我防备，还能够以同情之心回应贾斯汀的外遇事件了。她意识到，自己没有关心伴侣那些与日俱增的痛苦讯号，所以，在这次外遇事件中也负有一定的责任。于是她不再选择逃避，而是接受了痛苦，让痛苦带领她和伴侣走向新的生活。辛西娅获得了面对这次挑战所需的内在支持，卸下防备系统，勇敢面对那些逃避了一辈子的情绪，并做好了准备，利用这场外遇来强化而不是摧毁他们的情感关系。她仍旧重视这份爱情，希望他们的爱能更加长久。

辅导结束后，她向组里的其他成员们说了心得体会："我不想和贾斯汀分手，我只想和现在已经不再适用的相处方式分手。"

当我们以一颗不设防的心对发生的事做出回应时，会觉得自己与一切都融为一体，获得了完全的自由。用辛西娅的话来说："当我到达了不设防的领域时，就不再对正在发生的事做出任何抵抗，也不再忽略正在发生的事。"我们完全活在当下，做真实的自我，用最深层的本质做出回应。

辛西娅成功走过了情感关系中的一场阵痛，利用挫折来了解更真实的自我，培养了忍受不适、焦虑和痛苦的能力。在这场噩梦之后，她发现了自己内心中从未被发现的宝藏，意识到情感关系是一个良好的契机，在其中你可能会感到被拉扯、打败、批评或粉碎，但却凭借它踏上了重新发现自己的旅程。在卸下防备性格的过程中，她放下了对安全感和掌控一切的渴望，学会了如何在爱情中做到不设防、不掩饰，这种不设防是一种崭新的、坚不可摧的安全体系。

拖延：自我探索的最艰难挑战

在发展亲密关系的过程中，我们面临的一大挑战就是习惯性地拖延需要做的工作。之所以会形成这种习惯，是因为我们总幻想自己有无穷的时间，但事实上并没有，人的一生都是有限的。正如一个来访者在未婚妻第二次推迟婚礼计划之后说：“你最好早点定下来，因为我时间有限。”

当在生命的尽头回顾一生成就时，你会被哪一种深深打动呢？当你九十二岁时，回想一生会觉得哪件事让心中充满喜悦呢？当你总结自己在过去几年中的成长时，什么事情会让你露出发自内心的、深深的微笑？

在我们对情侣或个人的咨询中，以上几个问题大致有这些回答：我们曾多么相爱，我们曾多么全心全意地付出自己，我们在这段人生旅程中获得了怎样的意义和力量，以及我们用怎样的方式超越了原本的自我认知，从而与伴侣不设防地相爱。

要时刻记住，只有本质自我才能够带来永久的满足。我们很多人仍然面临着醉生梦死的强大诱惑，直到碰壁才不得不醒来。因此，许多人都怀疑自己无法面对不设防爱情的挑战。

我们拖延，是因为不相信自己已经做好了准备，或不相信自己有足够的力量来做某件事，害怕一旦失败便会万念俱灰。就这样，拖延成为一个麻痹自我的权宜之计。我们拖延了寻找本质渴望的时间，拖延了审视自我的行为，挑战旧的思想和感觉。拖延使我们耽误了自己，暗地里希望那个面临挑战的时刻永远不要到来。但是甘伽吉提醒我们："不要错过这次机会！谁知道它什么时候会再来？今生、今年、此刻，你完全有能力认识真正的自己。"

只要我们学会识别和使用，每一种情绪状态都可以成为与自己或他人之间建立亲密关系的入口。包括所有的反应、行为、思想和感觉，任何陷入困境、遭到阻碍或停滞不前的情况，都是如此，你可以在任何地方开始自我探索。如果有拖延的习惯，那么拖延本身就是你寻找亲密关系的入口，虽然我们从没有想过这也可以是一个契机。

我们需要认清，是哪些东西强化了拖延的习惯。很可能是某些过去未能解决的问题，引发了你情绪上的痛苦、恐惧或愤怒。请带着这个意识，走进探索的大门，你会发现可以利用拖延来发掘对自己或他人更深层的体验和联系。最后，我们将有能力享受深层的平静、爱与喜悦，也有足够的能力容忍相应的情绪痛苦。正是我们扎根于本质自我的深度，决定了我们能够与他人之间建立亲密关系的完整度和强度。为了实现不设防的生活，我们必须学会爱自己身上的一切，我们渴望的和不渴望的，好的和坏的，都是真实自我的一部分。如果我们能够完全栖身于这片发光闪耀的本质之中，就会感到充实而满足，爱也将成为永恒的甘泉。

Closing thoughts

结束语：爱的释放

合十礼

我尊敬你内心的世界，
因为那里有整个宇宙。

我尊敬你内心的世界，
因为那里有爱和光明，
那里充满宁静和真实。

我尊敬你内心的世界，
因为，
当我们身在自己内心的世界，
我们就将融为一体。

——佚名

一旦多次体验到了不设防的亲密，品尝到这种感觉超越了我们对爱情所有的期待，我们就会愿意为了永远留住那份感觉，而甘愿忍受任何暂时的紧张与痛苦。这件事，被我们简单而不失虔诚地称为：“超越。”

当我们因不敢表达出真实想法而产生的痛苦，超过了勇敢表达的恐惧时，“超越”就会发生。在这个临界点上，我们因没有用最深层的真我去爱自己和对方而产生的痛苦，已经超过了对自己没有防御而产生的恐惧。这并不意味着我们的恐惧和抵抗消失了，这只是一场意愿与防御的斗争，从而为自己和伴侣建立一种更有意义、更能敞开心扉的体验和关系。

矛盾的是，“超越”之后，一切都改变了也可以说都没变，但是我们与外界建立联系的方式，以及利用外界资源的方式却发生了戏剧性的变化。这是一场革命性的转变,它可能会突然发生，也可能会逐步发生。当转变发生时，你会察觉到自己的内心深处发生了变化。即使你的双腿在颤抖，即使你感到自己很渺小，你也会感动地说："我想探索此刻的体验并让其持续。"

"超越"发生之后，我们之前透过防备性格的有色眼镜所看到的世界，就会完全颠覆。从前感到是阻碍的体验和感受，现在却成为自我及他人之间更深层联系的入口。当我们感到情感关系陷入僵局时，不再会觉得爱情将到尽头，也不再想要逃离而是会做出回应，探寻自己造成当下境况的原因，发掘那些需要扩展、摒弃或改变的领域。我们会把自身的问题和不满当作警钟，提醒自己要与生命中某个迷失的部分重新建立联系。爱情中的双方越能在相处中扎根于自己的本质，就越能迎接个人以及彼此之间不可避免发生的冲突，因为这些挫折能给我们机会，开辟出比以往更深的爱。

随着"超越"的到来，我们的交流方式也会发生戏剧性的变化。过去遇到矛盾时，我们会自动做出对方是"有问题的"的回应，而现在则会采用一种新的思维方式，去探寻自己内心被激发的情绪。我们不再关注于外界——伴侣，而是关注于自己内心反应的源头。

尽管处于不设防爱情关系中的情侣们不会真的抱怨或争论，但这并不意味着说他们不会遇到问题，不会发生分歧。不同点在于，他们的能量不再倾注于外界，不是去指责或攻击，也不会退缩。他们会完全参与到自己的内心冲突之中，不将它归咎于任何人，会认识到他们生命中的重要使命是增强自己的内在动力，从而让两个人都有足够的能量去发现并卸下所有的性格防备层。

对于那些没有体验到“超越”境界的人来说，这种情感关系的描述看起来几乎不可能实现，但事实却并非如此。在“超越”的体验中，我们与自己和他人之间有着高度的关联性，却没有冲突。当“超越”被激发时，爱情中的双方不再停留于“你这样做我才那样做”的相处方式，而是每个人都同时经历着四种独立的现实情况：

1. 能感受自己的情绪痛苦，以及由此激发出的困惑或不适。
2. 能感受对方的情绪痛苦及发展过程，并以一种同情、陪伴和无抵抗的方式去接受对方的体验。
3. 能感受到自己抵达本质自我。
4. 在意识中，能轻松地看到对方最深层的本质。

这个过程是完全个人化的，要求我们有能力与自己及他人保持直接、不设防的交流。一位名叫乔西的来访者曾在一天晚上与伴侣努力保持这种真实感，在这之后她告诉我们："和泰德聊了一晚上，感觉竟如同做爱了一般，到了早上，我的心已不再有任何隔膜和防备。我深深地感谢他能够帮我把心中那些原始的、不成形的能量释放出来。"

新的不设防选择

我们要先成为不设防和无条件的爱人，才能接受并付出无条件的爱。现在既然已经认识到是防备性格造成了多么深的孤立感和空虚感，那就应该开始做出新的选择了。我们就是要寻求真实和直接的体验，越过那些旧有的防备策略。当情感关系中出现疏离感时，我们会根据与伴侣之间的距离来发现与自己本质之间的距离。当我们感到敌意时，要相信自己正在努力获得力量，愿意沉浸在"我们是无力的"这一事实中。当我们感到孤单时，要克制自己不去转移注意力，不仅仅停留在表面的交流上。把这个状态当作一次机会，去重新发现"孤单"，去感受孤单在呼唤我们进一步深化与本质自我之间的联系。

当我们逐渐卸下了防御的包袱，就能更直接、更深刻、更强烈地去体会和享受到爱和愉悦，但同时对痛苦情绪不适、紧张、焦虑和失落的感觉也会变得更加敏锐。一旦体会了不设防的亲密关系，就可以从避难所里走出来，与自己和伴侣进行直接的交流。

一位我们服务了几年的来访者曾快乐地描述道："能够达到这种境界正是源于我对这些问题的纠结，源于我对自己的欣赏和接纳。从前，限制和缺陷对我来说是痛苦之源，如今却要因为有它们而庆幸。'完美'一词看起来是多么的微不足道，我对自己的情感关系感到如此满足，如此充实。"

我们不再限制自己来保持一种和谐感，而是与伴侣相拥，结成亲密的联盟。我们邀请他们来挑战自己，指出那些我们疏忽的地方。通过这一过程，我们的性格就转变为一种提醒工具，而不是成为一座无意识的堡垒。我们的一个朋友在与妻子共同完成了一次深层的自我探索之后，愉快地说："她是一座永恒的灯塔，在她明亮的灯光指引下，我看到了自己的影子，我再也不会沉入无意识的黑夜里了。"因为过去的几年中，妻子一直在帮助他与自己的防备性格做斗争。"她帮助我看到，哪些地方重复着过去的固有模式。通过我自己的反应，发现在哪里与平衡感和幸福感失去了联系。她就像一面镜子，展示了阻碍我发挥爱之潜能的信念。"

* 深化与他人及自己之间的关系

起初，我们常常会感到一种不适，因为掌控感和安全感的幻觉被丢弃了。一段时间之后，随着我们学会停止内心挣扎，放下防备完全进入当下的体验，那种不适感也会渐渐减弱。之后，防备体系就会层层剥落并瓦解，我们与自己本质之间的那面墙也变得更薄了。随着我们越来越显露出真实的自己，会发现本质散发出越来越耀眼的光芒，而在这光亮之中，伴侣也会变得异常美丽。

我们渐渐不再过分看重结果，而是更关注于当下的深层体验。爱达到了新的深度，彼此既是独立的，也是一体的。我们来到了一片爱的田野上，能够自然地回应内心以及彼此的行动，并且回应方式是那么得体、主动、充满活力，不再被想法、感情和感知的喧嚣所侵扰，能够包容一切想接受或不想接受的现实。

随着我们在通往亲密的道路上继续前行，最终会实现心灵的双重渴望，会意识到我们并没有在情感关系中丢失自己，而是在那里与自己相遇，并通过了解他人而真正成为了自己。用13世纪神秘学家、诗人鲁米的话说：“我在听到人生中第一个爱情故事的那一刻便去寻找你，不知道当时有多么盲目。事实上，爱人们并非最终在某处相遇，而是永远在彼此心间。”

你在前往不设防的亲密道路上将发现，情感关系的目的不是两个人合二为一，而是我们其实拥有同一颗辽阔的、充满爱的、包容万物的心。

感 谢

我们首先要感谢“前沿小组”(Cutting Edge Group)、“培养内在骑士精神小组”(Cultivating the Spiritual Warrior Within Group)、“男性内心小组”(Inner Work Group for Men)、“女性内心小组”(Inner Work Group for Women)和“生活真理小组”(Living Truth Group)的所有成员，你们为本书中的许多概念和方法提供了理论支持。你们为治愈心灵伤口并获得情感解放作出了不懈的努力，付出了巨大的勇气，这些都是我们写作灵感的来源。同样我们还要感谢我们的客户、学生，以及多年来参与我们课程、讲座、夏令营的所有人员。我们感谢你们、爱你们，非常荣幸你们愿意分享自己的个人经历。

鲁米说：“朋友啊，亲密就是，无论你把脚放在哪里，都能感受到，在你的脚下有我坚定的支持。”在我们写作的过程当中，许多朋友都无私地付出了自己的时间和精力，来阅读书稿并提出宝贵的意见。每当我们失去平衡或要摔倒时，都能感受到你们坚定的扶持。詹妮弗·麦肯娜、詹妮弗·威尔伍德、芭芭拉·波迪克、格雷和凯思林·亨德里克斯、约翰·莎莉、泰利·瑞恩和大卫·施瓦兹，感谢你们付出的慷慨与爱。

特别要感谢加罗琳·平卡斯，本书的“助产士”。你指导我们为本书挑选图书代理，为我们提供源源不断的鼓励，更为本书提供了画龙点睛的意见。同样还要感谢我们的结构编辑，肖肖娜·亚历山大，在你的指导下这本书显得条理分明，

我们还要感谢那些为本书的编辑工作做出贡献的人，他们是阿玛尼塔·罗森布什、普利斯卡·斯塔奇以及劳拉·伍德丽芙。还要感谢帕特利斯·怀恩、苏兹·欧曼、帕特西亚·凯丽和帕特·霍特，在需要的时候为我们提供了无私的帮助。同样，非常感谢那些尊敬的作家，他们在百忙之中抽出自己的时间来阅读本书并为本书写了推荐语。

还要感谢我们的父母——约翰和海伦·莎莉，T. 乔治和约兰达·哈亚特，感谢他们的爱、关怀与支持。

我们把所有的人和事都看作我们的老师，但是，我们必须特别感谢一些人，他们是：吉瑟斯、乔那摩·西得哈萨、尼撒嘎达

他·马哈拉吉、拉马纳·马哈希、甘伽吉、奥罗宾多、普迦、简恩·科雷、克里斯那摩提、伊德里斯·沙哈、哈米德·阿里、葛得杰夫、多格亚姆·特拉帕、格雷和凯思林·亨德里克斯、约翰和詹妮弗·威尔伍德、米歇尔·基尔伦、安妮·斯汀、艾瑞加·斯通大师、乔纳森·坦尼、帕蒂·斯特罗、艾林·卡查克、诺曼·埃格、约翰·博吉和威格西·斯沃特森。

感谢我们的图书代理，吉姆·莱文和吉姆·莱文工作室的所有员工。吉姆对我们的书稿满怀信心，为我们做出了不懈的努力，并坚定不移地把这本书变成了一本优秀的出版读物。

我们还要感谢本书的编辑朱莉·葛斯特沃思以及新先驱者出版社的员工。朱莉的热情燃起了所有人对本书的阅读风暴。我们还要感谢本书的出版人马特·麦凯、柯克·强森、凯瑟琳·苏特克、克里斯汀·贝克、艾米·舒普、多萝西·斯迈克、劳伦·多科特。

还有许多其他人在不同的方面帮助过我们，虽然无法一一提及，但你们的帮助我们会永远铭记。感谢你们做出的贡献。

最后，我们还要感谢你们——我们的读者。如果没有你们，本书也就没有任何价值。

我们不会停止探索，而一切探索的终点，都会回到原来的起点，这时，我们才算第一次真正认识它。

——艾略特《四个四重奏》

参考文献

1. A. H. 阿玛斯 . 1987.《钻石途径 1：内在的探索》. 加利福尼亚州伯克利：钻石图书出版社 .

Almaas. A. H. 1987. Diamond Heart, *Book One: Elements of the Real in Man*. Berkeley, California: Diamond Books.

2. 佩玛·秋卓 . 1997.《当生命陷落时》. 波士顿：香巴拉出版社 .

Chodron, Pema. 1997. *When Things Fall Apart*. Boston: Shambala.

3. 安格内斯·德·米勒 . 1991.《玛莎：玛莎·格莱姆的人生与工作》. 纽约：兰登书屋 .

de Mille, Agnes. 1991. *Martha: The Life and Work of Martha Graham*. New York: Random House.

4. 维克多·弗兰克尔 . 1984.《活出意义》. 纽约：试金石，西蒙舒斯特公司 .

Frankl, Viktor. 1984. *Man's Search for Meaning*. New York: Touchstone, Simon & Schuster.

5. 干卡吉 . 1993a. 磁带"干卡吉在科罗拉多州博尔德主持的沙特桑". 太平洋中心出版社，干卡吉基金会：夏威夷州库拉，8 月 9 日 .

Gangaji. 1993a. Audio tape of "Satsang with Gangaji" in Boulder, Colo. Pacific Center Press, The Gangaji Foundation: Kula, Hawaii. August 9.

6. 干卡吉 . 1993b. 磁带"干卡吉在新墨西哥州圣菲主持的沙特桑". 太平洋中心出版社，干卡吉基金会：夏威夷州库拉，10 月 10 日 .

Gangaji. 1993b. Audio tape of "Satsang with Gangaji" in Santa Fe. Pacific Center Press, The Gangaji Foundation: Kula, Hawaii. October 10.

7. G. I. 葛吉夫 . 1973.《来自真实世界的声音》. 纽约：E. P. 杜顿出版社 .

Gurdjieff, G. I. 1973. *Views from the Real World*. New York: E. P. Dutton.

8. 霍尔马克·霍尔名人制片公司，和索弗朗斯基制片公司 .

1996.《心灵火花》.

Hallmark Hall of Fame Productions Inc., in association with Sofronski Productions. 1996. *Harvest of Fire*.

9. 让·克莱因 . 1984.《生存的放松》. 北卡罗来纳州德罕：橡子出版社 .

Klein, Jean. 1984. *The Ease of Being*. Durham, N.C.: The Acorn Press.

10. 杰克·康菲尔德 . 1993.《踏上心灵幽径》纽约：班坦图书公司 .

Kornfield, Jack. 1993. *A Path with Heart*. New York: Bantam Books.

11. 斯蒂芬·雷文和安德烈·雷文 . 1984.《拥抱心爱之物》. 纽约：双日出版社 .

Levine, Stephen and Ondrea. 1984. *Embracing the Beloved*. New York: Doubleday.

12. 林区 / 佛斯特出品公司，宣传电影公司和世界视觉公司 . 1989. "火与我同行"，电视剧《双峰》的一集 .

Lynch/Frost Productions, Inc., in association with Propoganda Films in association with Worldvision Enterprises, Inc. 1989. "Fire Walk With Me," episode of *Twin Peaks*.

13. 玛格丽·马勒 . 1975.《人类婴儿的心理》. 纽约：基础图

书公司.

Mahler, Margaret. 1975. *The Psychological Birth of the Human Infant*. New York: Basic Books.

14. H. W. L. Poonji. 1992.《醒来，大吼吧1》. 夏威夷州毛伊岛库拉：太平洋出版中心.

Poonji, H. W. L. 1992. *Wake Up and Roar, Volume 1*. Kula, Maui, Hawaii: Pacific Center Publishing.

15. 拉尼耶·玛丽亚·里尔克. 1954.《给青年诗人的信》. 纽约：W. W. 诺顿出版社.

Rilke, Ranier Maria. 1954. *Letters to a Young Poet*. New York: W. W. Norton.

16. 鲁米. 1997.《鲁米精选》. 由科尔曼·巴克斯和约翰·莫以尼翻译. 新泽西：城堡图书.

Rumi. 1997. *The Essential Rumi*. Translations by Coleman Barks, with John Moyne. New Jersey: Castlebooks.

17. 萨特·普雷姆. 1993.《斯瑞·奥罗宾多的意识探险》. 巴黎：进化研究所.

Satprem. 1993. *Sri Aurobindo on the Adventure of Consciousness*. Paris: Institut de Recherches Evolutives.

18. 大卫·史纳区. 1991.《构建性的严酷考验》. 纽约：W. W.

诺顿出版社.

Schnarch, David. 1991. *Constructing the Sexual Crucible*. New York: W. W. Norton.

19. 僧璨. 1999. "信心铭", 出自《禅的三经典》, 吉田理. 加利福尼亚州伯克利：纳马达佛教翻译与研究中心.

Seng-can. 1999. The Xin-xin-ming (Faith-Mind Maxim) from *Three Chan Classics*, trans. Yoshida Osamu. Berkeley, California: Numata Center for Buddhist Translation and Research.

20. 和泉式部. 1990. "看着月亮", 出自《墨暗的月亮：情诗集》, 简·赫希和鞠子新谷翻译。纽约：古典书局.

Shikibu, Izumi. 1990. "Watching the Moon," from *The Ink Dark Moon: Love Poems*, trans. Jane Hirschfield with Mariko Aratani. New York: Vintage Books.

21. 索甲仁波切. 1992.《西藏生死书》. 纽约：哈伯柯林斯出版社.

Sogyal Rinpoche. 1992. *The Tibetan Book of Living and Dying*. New York: Harper Collins.

22. 詹妮弗·威尔伍德. 1998.《幽径之诗》. 加利福尼亚州米尔瓦利：版权由珍妮弗·威尔伍德所有.

Welwood, Jennifer. 1998. *Poems for the Path*. Mill Valley, California: Copyright by Jennifer Welwood.

图书在版编目（CIP）数据

爱情不设防 / （美）莎莉（Psaris, J.），（美）里昂著；杨笑婷，晏卿译. -- 南昌：江西教育出版社，2013.12
ISBN 978-7-5392-7322-8

Ⅰ. ①爱… Ⅱ. ①莎… ②里… ③杨… ④晏…Ⅲ. ①爱情－通俗读物 Ⅳ. ①C913.1-49

中国版本图书馆CIP数据核字(2013)第288565号

爱情不设防
AIQING BU SHEFANG
[美] 杰特·莎莉　马莱娜·里昂/著　杨笑婷 晏　卿/译

江西教育出版社有限责任公司
（江西省南昌市抚河北路 291 号　邮编：330008）
各地新华书店经销
江西省和平印务有限公司
170 千字　850 毫米 ×1168 毫米　32 开本　10.375 印张
2014 年 5 月第 1 版　2014 年 5 月第 1 次印刷
ISBN 978-7-5392-7322-8
定价：26.00 元

赣教版图书如有印装质量问题，请向我社调换　电话：0791-86710427

读者回函表

万墨轩图书官方微信

姓名：________ 性别：____ 年龄：____ 职业：______ 教育程度：______

邮寄地址：______________________________ 邮编：______

E-mail：______________ 电话：______________

您所购买的书籍名称：《爱情不设防》

您是如何得知一本新书的（多选）：□别人介绍 □逛书店偶然看到 □网络信息 □杂志与报纸新闻 □广播节目 □电视节目 □其他：________

您喜欢到哪里买书（多选）：□书店 □网上书店 □借阅 □找电子版 □其他 ________

购买新书时您会注意以下哪些地方？

□封面设计 □书名 □出版社 □封面、封底文字 □腰封文字 □前言后记 □名家推荐 □目录

您对本书的评价：

书名：	□满意	□一般	□不满意	故事情节：	□满意	□一般	□不满意
翻译：	□满意	□一般	□不满意	封面设计：	□满意	□一般	□不满意
内页设计：	□满意	□一般	□不满意	印刷质量：	□满意	□一般	□不满意
价格：	□便宜	□正好	□贵了	整体感觉：	□满意	□一般	□不满意

您喜欢的书籍类型：

□文学 □奇幻 □情感 □商业 □历史 □军事 □旅游 □艺术 □科学 □推理 □惊悚 □传记 □生活、励志 □青春 □教育、心理 □其他______

请列出3本您最近想买的书：________、________、________

请您提出宝贵建议：______________________________

★谢谢您购买我们出版的书。请将读者回函表填好后，邮寄到“上海市浦东新区锦绣路2150号万源商务楼3楼（邮编200127）”，或将此表扫描、拍照后发电子邮件至wipub_sh@126.com，祝您阅读愉快！

特别启事：图书翻译者征集

为进一步提高本公司引进版图书的译文质量，也为翻译爱好者搭建一个展示自己的舞台，现面向全国诚征外文书籍的翻译者。如果您对此感兴趣，也具备翻译外文书籍的能力，就请赶快联系我们吧！

您是否有过图书翻译的经验：□有（译作举例：______________）□没有

您擅长的语种：□英语 □法语 □日语 □德语 □韩语 □西班牙语 □其他______

您希望翻译的书籍类型：□文学 □生活 □心理 □其他______

★请将您的简历发电子邮件至wipub_sh@126.com，简历中请特别注明您的外语水平、翻译经验。经考察适宜者，将有机会成为我们的译者。期待您的参与！

200127

请贴邮票

上海市浦东新区锦绣路2150号万源商务楼3楼

上海万墨轩图书有限公司（收）

寄信人：________________

□□□□□□

请沿虚线对折后寄出，谢谢！